KB235282

남명의 인간관계

경상대학교 남명학연구소
남명학교양총서 02

남명의 인간관계

윤호진 지음

景仁文化社

책머리에

경상대학교에 남명학연구소가 설립되고 뒤이어 남명학 관련 연구기관과 학회가 생기면서 남명학에 대한 본격적인 관심을 갖기 시작하였습니다. 불과 15년 남짓한 세월이지만, 각 연구소나 단체에서 간행하는 각종 논문집과 저서 및 역서, 그리고 개인이 내는 많은 글들이 이제 적잖이 축적이 되었다고 할 수 있습니다. 연구 영역도 남명에 대한 것에서부터 시작하여 그 제자들까지 포괄하는 남명학 전체로 이어졌고, 더 나아가서는 동양학 전반으로 확산되어 가고 있습니다.

이처럼 남명학이 발전을 하게 된 것은 남명선생의 학덕을 사모하는 이 지역 유림들의 전폭적인 지지와 지원에 힘입은 바가 크며, 또한 남명선생의 후손들이 선조를 숭모하는 열정이 남달랐던 것도 하나의 원인으로 들 수 있을 것입니다. 여기에서 더 나아가 경남 지역의 각 공공기관이 남명선생의 가르침을 경남의 정신으로 하고, 그 얼과 정신을 이어받고자 애를 많이 쓰고 있는 것도 남명학이 오늘날에 이르는 데에 큰 기여를 하였습니다.

특히 경상남도에서는 해마다 남명학의 연구 및 보급을 위해 남명학연구소에 재정적인 지원을 아끼지 않고 있습니다. 이러한 지원은 남명학연구소에서 발행하는 『남명학연구』가 1년에 두 차례 빠짐없이 발행이 되고, 또한 학술진흥재단의 등재지가 되는 데에 큰 힘이 되었습니다. 이처럼 남명학연구소에서는 경상남도의 이러한 지원을 받아 전문 연구자들을 위한 사업에 투명하게 사용하고 있을 뿐만 아니라, 작년부터는 이 예산의 일부를 가지고 일반 교양인들에게도 쉽게 남명학을 이해할 수 있도록 남명학 교양총서를 기획하였습니다.

남명 및 남명학 관련 내용을 부담없이 볼 수 있도록 내용도 쉽고, 크기도 작게 하여 매년 4책씩 5년간 20책을 내기로 하고, 올해부터 4책씩 간행할 예정입니다. 지금까지의 남명학 연구가 그 깊이를 위한 것이었다면, 지금 시도하는 교양총서 간행사업은 그 넓이를 위한 것이라 하겠습니다. 깊이가 있어야 넓게 팔 수 있는 것처럼, 이제까지 깊이 연구한 것을 바탕으로 널리 여러 사람에게 그 결과를 보급하는 것이 필요합니다. 우리가 기획한 교양총서가 완간이 되면, 남명학이 일반 사람들에게 보다 넓게 그리고 가깝게 다가가 있지 않을까 생각합니다.

그간 척박한 연구환경 속에서 남명학에 관심을 두고 묵묵히 연구를 계속해 온 여러 연구자분들과 남명선생을 존모하는 후학 및 후손 여러분들께 감사드리며, 특히 재정적으로 지원을 아끼지 않는 경상남도에 감사의 뜻을 전합니다.

2005년 10월 30일
경상대학교 남명학연구소장 허권수 근계

목차 *contents*

머리말

지금까지 남명에 대해서 많은 논저가 나왔다. 여러 분야에서 남명에 관한 연구 논문은 이미 300여 편을 넘어서고, 저서만 해도 수십 권에 달한다. 이러한 상황에서 아무리 기존의 성과를 일반인들이 쉽게 접할 수 있는 교양서로 꾸민다 해도, 기존의 것을 완전히 되풀이 할 수는 없으므로 쉽지 않은 일이다.

이 책은 남명의 인간관계를 개략적으로 살피는 데에 목표를 두고 있다. 이 주제는 남명에 관한 기존의 저술에서 아직 본격적으로 다루지 않은 것이다. 물론 그 세부적인 내용에 있어서는 중복되는 측면이 있기는 하겠지만, 이러한 커다란 주제 아래에서 남명의 모습을 살피는 일은 처음이다.

남명을 연구함에 있어 남명의 정치사상 혹은 철학 사상을 탐구하는 것도 중요하고, 남명이 살았던 곳, 남명이 쉬었던 정자, 남명이 연구하던 곳 등을 찾

아 소개하는 것도 중요하지만, 더욱 중요한 것은 남
명이 사람과 사람 사이에서 어우러져 살아가던 모습
이라 할 수 있다.

이 책에서 다루고자 하는 남명의 인간관계는 바
로 남명이 가족 안에서 자식으로서, 형과 동생으로서,
남편으로서, 아버지로서 어떠한 모습이었던가, 그리
고 그 밖의 남들과는 어떤 모습이었던가를 살피는 것
으로, 인간 남명을 이해하는 데 있어 필수적이다.

더구나 남명의 인간관계는 보통 사람들과는 다른
특별한 무엇이 있어, 그의 삶을 살피는 데에서 빼놓을
수 없는 측면이 있다. 우암尤庵 송시열宋時烈의 「해봉
집서海峰集序」에는 사람의 몸가짐이 어떠해야 하는가
를 알려주는 이야기 두 개가 삽입되어 있는데, 남명
이 평생을 살았던 자세와 비교하여 음미하면 흥미
있는 자료이다.

옛적에 주공숙周恭叔은 재식이 고명했는데, 장님이
된 족녀를 아내로 삼았다. 이에 이천이 말하기를, "나
로서도 나이 30세 이전에는 그렇게 하지 못하겠다" 하
였는데, 그 뒤에 마음이 달라진 그가 어느 술자리에서
다른 여자를 마음에 두므로 이천이 그를 금수보다 못
하다고 꾸짖었다.

호담암胡淡庵이 간신 왕윤王倫과 진회秦檜를 참하
기를 청하다가 10년 동안 귀양살이를 했으나 그 기절
이 꺾이지 않았는데, 그 뒤에 미녀 여와黎媧에게 반하
여 관계를 맺었다가 그 본부가 주는 자두를 먹는 모욕
을 달게 받았다.1)

남명의 인간관계

위 글은 송나라의 학자로 정
이程頤의 제자였던 주행기周行
근에 관한 일과, 송나라 때의 학
자로 벼슬이 병부시랑에 이르
렀던 호전(胡銓, 1102~1180)에 관
한 일이다. 주행기는 장님이 된
여자를 아내로 삼아 스승 정이
천에게 한껏 칭찬을 들었다가
마음이 변하여 다른 여자를 은
근히 좋아하자 정이천이 금수
보다 못하다고 꾸짖었다. 호전
은 송나라 때의 간신인 왕윤과
진회를 참하기를 청하는 지절
을 발휘하여 귀양가기도 하였
는데, 미녀 여와에게 반하였다

정이程頤(『삼재도회三才圖會』)

가 여와의 남편에게 모욕당했던 일을 소개하였다.

이러한 일은 비단 주행기와 호전에게만 해당된
것이 아니고, 보통 사람들 모두에게 해당하는 것이
다. 일시적으로 남다른 일을 해서 다른 사람들의 칭
찬을 들을 수는 있지만, 끝까지 일관되게 그것을 지키
기는 어렵다. 그래서 보통 사람들은 주행기와 호전이
저질렀던 것과 같은 실수를 저지를 수 있는 것이다.

그러나 남명은 처음에 잘하다가 뒤에 무너지는
모습을 보이는 보통 사람들의 모습과는 많이 달랐다.

제1장 머리말

그는 후대 사람들에게 "높은 풍도와 준엄한 절개는
사람의 의표가 되기에 충분하여서, 아는 이에서 모르
는 이까지 반드시 추상열일秋霜烈日 같다"2)는 평을 들
었다. 남명은 자신에게 엄격하였던 학자로, 평생 남
다른 지절을 가지고 있었고, 그것을 지키기 위해 무
진 애를 썼으며, 끝내 그것을 지켜내었던 것이다.

> 남명의 기우氣宇는 청수하고 고결하였으며, 두 눈
> 이 반짝반짝 빛나서 바라봄에 그가 속세의 인물이 아
> 님을 알겠다.3)
> 선생은 사람됨이 만물 밖에 홀로 우뚝 서서 높이
> 한 세상 위를 보는 것과 같았다. 그 맑은 풍도와 준엄
> 한 절개는 소부巢父나 허유許由와 짝할만 하고, 변수卞
> 隨나 백이伯夷를 벗할 만하였다.4)

남명이 후대 사람들에게 평가받은 내용 가운데
하나이다. 속세의 인물이 아니라고도 하였고, 소부와
허유를 짝할만하다고 하였다. 사람됨이 만물 밖에 우
뚝 서서 높이 한 세상 위를 보는 것과 같다는 것을
근거로 이렇게 말했다. 남명은 어떻게 이처럼 높은
평가를 받았던 것일까? 자신을 남에 비겨 많이 부족
하다고 여기며, 자신에 대한 성찰과 수양을 게을리
하지 않은 까닭이다.

> 선생께서 스스로 말씀하시기를, "나는 기를 매우
> 엷게 받아 오직 사물을 거만하게 대하는 것을 높이 여

남명의 인간관계

겼다. 다만 사람에게만 오연하였을 뿐만 아니라, 세속에 대하여서도 오연하였다. 부귀한 이와 재물 보기를 풀과 진흙 같이 업신여겼으며, 빠르고 뻣뻣한 거동으로 호연히 휘파람 불며 소매를 걷어 올려 늘 마치 세상을 등진 사람의 모습이 있었다"[5]라고 하였다.

남명이 스스로 기를 여리게 받았다고 하며, 세상에 우뚝 서기까지의 과정을 소개하였다. 남명이 토동 뇌룡정에 있을 때 흰 오리 한 쌍을 기르면서 깨달았던 일을 통해서도 이러한 면모를 볼 수 있다. 오리가 진흙에 빠져서 새까맣게 진흙이 묻으니 보기 싫어 목욕을 시키고 나니 깨끗하게 되어 보기 좋게 된 것을 보고, 남명은, "무릇 자양하는 데는 조심하지 않을 수 없구나"라고 탄식하였다고 한다.[6] 항상 마음을 크게 갖고, 굳건하게 다지는 모습이 이들 자료에 잘 드러나 있다. 다음의 글들은 모두 이러한 자신에 대한 성찰과 수양의 모습을 잘 보여주는 것들이다.

선생께서 닭 울음을 듣고 새벽에 일어나 의관을 갖추고 띠를 매고 서는 자리를 바로 하여 똑바로 앉아

토동마을

제1장 머리말

뇌룡정 雷龍亭

어깨와 등을 곧게 하여 앉았으니, 바라보면 그림이나 조각상 같았다.7)

선생이 홀로 서실에 계실 때에는 가지런히 정리하고 깨끗하게 하여 책이나 물건들이 안정감 있게 정돈되어 일정한 곳에 두었으며, 종일 단정히 앉아 일찍이 비스듬히 기대는 모습을 볼 수 없었다.8)

선생의 조행은 과단성 있고 확실하여 움직일 때는 규칙을 따르고, 눈으로 사특한 것을 보지 않고, 귀로는 귓속말을 듣지 않아, 엄숙하고 공경하는 마음을 항상 가슴 속에 간직하고, 게으른 모습은 밖으로 드러내지 않았다.9)

남명이 아침부터 밤늦게까지 자신의 처신을 얼마나 엄격하게 지켰던가 하는 것을 보여준다. 이러한

남명의 인간관계

것은 남명이 항상
성성자라는 금방울
을 달고 다니고, 가
죽띠에 "혀는 비밀
을 누설하는 것이요
가죽은 묶는 것이
니, 살아있는 용을
묶어 아득한 마음속
에 감추어 두라"10)

성성자

고 새겨서 매고 다녔으며, 보도寶刀에 "마음을 밝히
는 것은 경敬이요, 바깥으로 결단하는 것은 의義"라
는 명을 새겨 차고 다녔다는 사실을 통해서도 확인
할 수 있다.11)

　뿐만 아니라 남명은 옛날 성현의 도상을 그려 좌
우에 펼쳐 두고, 눈으로 보고 마음으로 생각하여 엄
숙히 공경하는 마음을 일으켜 스승이나 어른 사이에
있는 것 같이 하니, 귀로 대면하여 명령하는 가르침
을 받아들이는 자세로 지냈으며, 특히 '경敬'자와 '의
義'자를 크게 창이나 벽 사이에 써 붙이고 말하기를,
"우리 유학에 이 두 글자를 둔 것은 천지에 해와 달
이 있는 것 같아, 만고에 통하여 바뀌지 않을 것이요,
성현의 천만 가지 말씀이, 요컨대, 그 목적이 모두 이
두 글자의 정신을 벗어나지 않을 것이다"12)라고 하
였던 일은 그가 얼마나 부단히 수양에 힘썼는가를

제1장 머리말

경의검

보여주는 것이다. 그래서 그는 다음에서 볼 수 있는 바와 같이 그 성취를 달성하였던 것으로 평가를 받았다.

선생은 생각하시기를, "학문은 공경하는 마음을 가지는 것보다 중요함이 없으므로 주일主一하는 데에 공력을 들여 마음이 깨어 어둡지 않고, 몸과 마음을 거두어야 한다. 학문은 과욕보다 우선적인 것이 없으므로, 극기복례에 힘을 써서 마음의 묵은 찌꺼기를 깨끗이 씻어내고 천리가 깃든 심성을 함양해야한다"라고 하였다.13)

선생께서 보이지 않고 들리지 않을 것을 경계하고 조심하였으며, 숨어 드러나지 않고, 깊숙이 홀로 있는 곳에서도 몸과 마음을 성찰하였다. 아는 것이 이미 정밀하게 되어도 더욱 그 정밀함을 구하고, 행하여 이미 힘을 얻어도 더욱 힘내서 몸에 반성하고 체험하여 진실한 심지를 밟을 것을 힘썼다. 구함에는 반드시 그 목표한 경지를 밟았다.14)

남명은 보통 사람들과 다르게 목표를 멀리 잡고, 그 목표를 이루기 위해 쉼 없이 자신을 가다듬고 독려하여 후대 사람들에게 목표를 이루었다는 평가를 받았다. 이러한 목표의 설정과 힘든 과정을 수행해

남명의 인간관계

낸 것이 바로 남명의 위대한 점이라 할 수 있다. 남명
의 인간관계는 이러한 것을 바탕으로 이루어졌다.

우선 자신을 엄격하게 관리하고, 이러한 심성 수
양의 결과 얻은 도덕적 수월성을 바탕으로 다른 사
람에게 늘 떳떳한 관계를 형성할 수 있었다. 그래서
임금의 잘못을 지적할 수 있었으며, 남의 가정사에까
지 관여하였지만, 결국은 자신이 옳았다는 평을 받을
수 있었다.

이제 남명의 인간관계를 가족과의 관계에서부터,
당대 학자와의 관계에 이르기까지 다섯 부류의 인간
관계를 그가 남긴 그리고 그대 대해 남은 자료를 바
탕으로 살펴보기로 한다.

제1장 머리말

가족과의 관계

옛날의 선비가 대부분 그랬듯이 남명도 집에서 매우 엄격하였던 것으로 보인다. 남명에 관한 자료들을 가장 많이 모아 수록한 책의 하나인 권별權鼈의 『해동잡록海東雜錄』에 보이는 "집에 있으면서도 엄격하여, 집 종들이나 시중드는 자들도 머리를 매만지고 정연하지 않은 더벅머리로는 가까이 갈 수 없었다"15)라는 언급에서 이런 점을 확인할 수 있다.

물론 이 말은 남명의 벗으로 남명 사후 묘갈명을 쓴 대곡大谷 성운成運의 "집에서는 엄하게 가족을 다스려 규문과 외정의 남녀 모두가 정숙하였으니, 가까이 모시는 몸종들도 머리를 거두어 쪽을 단정히 아니하면 감히 나오지 못했으며, 비록 부부 사이라도 또한 그러했다"16)라는 글에서 나온 것이다.

이 글에서 보듯 남명은 가족에게 엄하였고, 특히

남녀가 지켜야 할 몸가짐과 매무새를 엄정하게 유지할 것을 요구한 것으로 보인다. 부부 사이에서도 이러한 일은 예외가 없었다고 하니, 부부유별을 도덕적 엄숙주의의 견지에서 굳게 지킨 것이라 하겠다.

남명이 이처럼 엄격하게 가족을 대하였던 것은 가족 간의 지극히 친밀하고 깊이 사랑하는 마음에서 비롯된 것이다. 남명이 자제들에게 처자에게 빠져서는 큰 일을 할 수 없다고 한 말은 후대에 순암順庵 안정복安鼎福 등이 귀감으로 삼아 결혼한 자제에게 이 말을 당부하였다.

이로 보면, 남명은 속으로 가족에 대한 깊은 애정이 있기에 여기에 지나치게 빠져들거나 끌리지 않으려 엄격한 규제를 한 것이라 하겠다. 여기에서 우리는 우선 가족관계 가운데 부모와의 관계를 살펴보고 이어서 처자와의 관계를 살펴보고자 한다.

畏終莫敢與之關語譁笑其於家莊以莅眾閨庭之
間內外蕭整其室褘之備近侍者不欲髮整鬢不敢
進雖其配偶之尊亦然聞人之善喜動於色若己有

남명선생묘갈

1. 제가 오늘 갑자기 요절할까 근심하십니까?

삼강오륜三綱五倫, 이것은 지금 입에 담는 것조차 진부한 말처럼 생각하지만, 이 가운데는 인간답게 살아가려면 아직도 유효한 것이 많은데, 특히 부자유친은 오늘날 더욱 필요한 윤리의식이라 생각된다. 어떤 동료 교수가 부자간에 등산을 함께 자주 하는 경우

남명의 인간관계

그 자식이 잘못될 확률이 매우 낮다는 말을 했다.

이 말은 부자간에 어떠해야 하는가 하는 물음에 친해야 한다고 대답을 주고 있다. 부모와 자식 간에 친하다는 것은 어떤 의미를 갖는가? 부자자효父慈子孝는 그 친함의 성격을 잘 말하여 주는 말이다. 이 말은 상당히 유교적 색채가 강한 말처럼 느껴지지만, 사실은 인간 이전의 본능적 모습을 간직하고 있다.

부모가 자식이 잉태하면서부터 낳아서 기를 때까지는 동물이 새끼를 낳아서 기르는 것과 다름이 없다. 어미가 새끼를 본능적으로 돌보듯이 부모가 자식을 낳아 사랑으로 기르는 것이 부자父慈이며 자효子孝는 그에 대한 보답이다.

자효는 이러한 본능의 세계를 뛰어 넘는 인간으로서의 기본윤리를 담고 있는 것이다. 원리는 부모가 낳아서 자랄 때까지 품에 안고 길렀으니, 자식도 아버지에게 그 보답을 한다는 것이다.

공자가 제자 재아宰我가 삼년상이 너무 길지 않느냐고 했을 때, 사람이 태어나 부모의 품에서 떠나 인간으로서 홀로 살아갈 수 있는 기간이 최소한 3년이라며 그 최소한의 기간은 지켜야 하지 않느냐며 호되게 야단을 쳤던 것도 결국 부자자효를 강조한 것에 다름 아니다.[17]

그렇다면 인간이 되는 가장 첫걸음이랄 수 있는 효孝란 무엇인가? 글자의 모양을 보면 자식이 늙은

제2장 가족과의 관계

부모를 떠받드는 형상이다. 자식이 부모를 어깨에 메고 있는 이 형상은 사실, 효가 이렇게 겉으로만 떠받드는 것이 아니고, 그 마음임을 나타내기 위해 편의적으로 시각화한 것에 지나지 않는다.

그 까닭은 옛날 효를 정의한 말에는 효란 몸을 기르는 것이 아니고 마음을 기르는 것으로 되어 있기 때문이다. 즉 부모에게 육체적 안락이나 풍요함을 제공하는 것이 효가 아니고, 마음을 편안하게 해주는 것이 바로 효라고 했다.

부모의 마음을 편안하게 해주는 것 가운데 가장 큰 것이 자식의 안녕에 대한 걱정이다. 어려서부터 불면 꺼질까 쥐면 터질까 걱정하는 그 마음이 바로 자식에 대한 생각이며, 이것에 대한 염려를 끼쳐드리지 않는 것이 바로 효인 것이다.

위방불입危方不入이라는 말이 효를 설명하는 데에 자주 등장하는 것도 이러한 이유에서이다. 위험한 곳에 들어가면 부모가 항상 노심초사하게 되니, 가능하면 그러한 곳에 가지 않는 것이 효란 것이다.

증자曾子는 공자 말년의 제자이지만, 공자의 학통을 이어 그 학문을 자사子思에게 전했다고 한다. 그런데 그가 죽을 때 제자들에게 보인 행동과 말은 참으로 평범한 것에 지나지 않는 것처럼 보인다.

그는 죽어가면서 옆에 둘러 있는 제자들에게 "내 손과 발을 열어 보아라"라고 하였다. 병석에 누워 있

남명의 인간관계

는 사람이 입는 옷이라 손과 발을 덮을 정도로 길었으므로, 그것을 벗겨 자신의 손과 발을 보라는 뜻이다.

증자가 제자들에게 보인 것은 상처 하나 없는 깨끗한 손과 발이었다. 평생을 살아오면서 손과 발이 다칠까봐 깊은 연못 가에 서 있는 것처럼, 혹은 얇은 얼음을 밟고 있는 것처럼 전전긍긍하며 평생을 살아 왔다고 하였다. 그러면서 그는 마치 큰 일이라도 한 듯이 이제 내가 손과 발에 아무런 상처도 없이 죽게 되었으니, 마음이 편하다고 하였다.[18]

손과 발을 상처 없이 깨끗이 지킨 일이 왜 그처럼 대단한 일처럼 이야기하고 있는가? 바로 이것이 마음으로 기르는 효를 완수한 것임을 말하는 것이다.

민손閔損이 추운 겨울에 홑옷을 입었던 일을 그린 그림(『오륜행실도五倫行實圖』)

『효경』의 첫머리에 "신체발부身體髮膚는 수지부모受之父母라 불감훼손不敢毀損이 효지시야孝之始也"라고 하였다.[19] 손과 발뿐만 아니라, 심지어 머리카락 손톱발톱에 이르기까지 부모에게 받은 것을 훼손하지 않는 것이 효라는 것은, 이것을 다치게 되면 부모가 걱정을 하기 때문이다. 자신이 주려 죽을망정 자식의 입에 하나라도 더 넣어 주려하고, 자신이 죽을지언정 자식의 죽음을 보지 못하는 것이 부모의 마음이다.

남명은 부모의 이런 마음을 알고, 어려서부터 조금도 부모님을 걱정시키지 않으려 한 것을 볼 수 있다. 다음 글에서는 어린 나이에 자신이 큰 병이 들었음에도 불구하고 오히려 부모를 안심시키려 한 남명의 남다른 효심을 읽을 수 있다.

> 나이 8~9세에 병으로 자리에 눕게 되어 모부인母夫人이 근심스런 안색을 지으니 공이 자세를 가다듬고 기운을 내어 거짓 차도를 보이며 고하여 이르기를, "하늘이 사람을 낼 때 어찌 헛되이 하겠습니까? 지금 제가 다행히 남자로 태어났으니 하늘이 반드시 부여한 바가 있어 저에게 이룰 것을 요구할 것입니다. 하늘의 뜻이 여기에 있는데 제가 어찌 오늘 갑자기 요절함을 근심하겠습니까?"라고 하니, 듣는 이가 비범하게 여겼다.[20]

남명의 인간관계

이 내용은 대곡의 묘갈명에 보이는데, 어린 나이에 이러한 것이 정말 가능했을까 하는 정도로 남명이 8~9세에 보인 행동은 어른스럽다. 여기에는 남명이 어렸을 적부터 큰 뜻을 품고 있었음을 보여주는 것이 담겨 있기도 하다. 이 글에 보이는 남명의 자부가 결코 녹녹하지 않기 때문이다. 자신은 하늘이 큰 일을 맡기기 위해 낸 사람으로 생각하는 자부심이 더없이 크게 드러나 있다.

하지만, 여기에서 더 중요하게 읽어야 할 것은 평상시에도 투정이나 부리고 말썽을 피울 나이에, 그것도 병이 들어 몸이 아픈 상황에서도 부모님을 안심시켜 드리고 위안하려 했던 이것은 바로 그가 어려서부터 효심이 깊었다는 사실이다. 이 사실 하나만으로도 남명이 부모에 대해 어떠한 마음을 가졌던가를 짐작하고도 남는다.

> 선생이 어버이 곁을 모심에 반드시 아름다운 얼굴로 잘 봉양하여 마음과 뜻을 기쁘게 하고, 옷을 따듯하게 반찬을 맛나게 하며, 역시 갖추지 않는 것이 없었다.[21]

어버이가 살아 계실 때에 이른바 얼굴빛을 부드럽게 하여 부모를 모신다고 한 효의 정신을 남명이 실천하였음을 위에서 살필 수 있다. 마음을 편안하게 해드릴 뿐만 아니라, 따듯한 옷, 맛있는 음식도 늙은 부모를 봉양하는 데에는 필요한 것이다. 이처럼 부모

제2장 가족과의 관계

님 생전에도 효성이 지극하였던 남명은 부모님이 돌
아간 뒤에도 지극 정성을 다하였다.

> 선생이 복服을 입으매 슬피 사모하고 피눈물 흘려
> 요질腰絰과 띠를 벗지 아니하고, 새벽이나 밤이나 언제
> 나 영위靈位 곁에 계시지 않은 적이 없었다.[22]

위의 내용은 상중에 남명이 어떠한 모습이었나를
보여주는 것이다. 남명은 피눈물을 흘리고 질대絰帶
를 풀지 않았다고 하였다. 장례를 치루고 난 뒤에도
애모하는 맘이 조금도 느슨해 지지 않았다. 여막을 짓
고 밤낮으로 애모하면서 피눈물을 흘렸다고 하였다.

이어서 산 밑에 여막을 짓고 밤낮으로 애모하면서
피눈물을 흘렸다. 모진 병이 아니면 상복을 벗거나 띠
를 풀지 않고 자리에서 떠나지 않았다. 조문 온 사람이
있으면 엎드려 울며 절만 할 뿐, 함께 앉아서 이야기를
나누지 않았다. 집
에 있는 종들에게
도 명하여 상례 기
간을 마치기 전에
는 특별히 긴요한
일이 아니면 집안
일로 와서 말하지
못하게 했다.[23]

남명의 선대 묘가 있는 곳

남명의 이러
한 효심은 상을

남명의 인간관계

치루고 난 뒤, 제사를 지낼
때에도 변함이 없어 "기일忌
日이 되면 애모하기를 초상
때와 같이 하였다. 무릇 제
사에는 반드시 정성껏 제물
을 준비하였다. 심지어 굽고
지짐이 적당한 지, 씻고 닦
음이 깨끗한 지를 반드시 몸
소 보살폈다"24)라고 하였고,
비슷한 내용이 권별의 『해동
잡록』에서는 "상중에 있을
때에는 애모하여 피눈물을
흘리고 질대를 풀지 않았으
며, 제사 때에는 준비를 하
여 음식을 알맞게 조리하고

남명의 부친 조언형曺彦亨의 비석

식기를 깨끗이 씻는 것 등은 주방의 노비에게만 맡
기지 않고 반드시 몸소 하였다"25)라고 전한다. 권별
의 기록에서 볼 수 있는 것처럼 몸소 요리를 하고 식
기를 씻는 일까지 하지는 않았겠지만, 그가 얼마나
추원지심追遠之心이 깊었던가를 알 수 있다.

　남명의 부친인 조언형曺彦亨의 묘소는 지금도 찾
아가기가 쉽지 않다. 인가에서 떨어진 깊은 산 중에
그것도 산꼭대기에 있어 올려다보기만 할 뿐 접근하
기가 어렵다. 그런데 그 묘에는 남명이 직접 짓고, 의
견을 내어 만들어 놓은 약간의 특이한 비석이 있다.

제2장 가족과의 관계

여느 비석과는 달리 비문을 보호할 수 있는 지지대를 양 끝에 세웠다. 부모의 행적이 담긴 비석을 위하는 마음에서도 남명의 효심이 어떠했던가를 알 수 있다. 묘갈명에서 대곡이 말한 다음 내용에서도 그의 효성스런 모습을 종합적으로 다시 한 번 살필 수 있다.

천성이 효우에 돈독하여 어버이 곁에 있을 때는 반드시 온화한 얼굴로 잘 봉양하여 그 마음을 기쁘게 하였으며 부드러운 옷과 맛있는 음식을 또한 두루 갖추었다. 상 중에는 애모하여 피눈물을 흘렸으며 질대를 벗지 아니하고 밤낮으로 떠나지 않았으니 비록 병이 들어도 또한 즐겨 빈소에서 물러나지 않았다. 제사에는 반드시 제물을 갖추어 알맞게 익었는지 깨끗하게 씻었는지를 부엌 하인에게만 맡기지 아니하고 반드시 몸소 살폈다. 조문하는 이가 있으면 반드시 엎드려 곡하고 절할 뿐 함께 앉아 말하지 않았으며 하인에게 분부하여 상을 마치기 전에는 집안의 번잡한 일로 찾아와 고하지 말게 하였다.[26]

대곡의 이 내용은 남명의 효성스런 모습을 보여주는 여러 자료를 한데 뭉뚱그려 보여주고 있다. 평소에 부모를 대할 때의 몸가짐과 얼굴빛에서부터 시작하여, 상을 당하였을 때, 또 제사를 지낼 때의 내용이 종합적으로 담겨 있는 것이다.

남명의 인간관계

2. 지체는 떨어질 수 없다

얼마 전에도 우리나라 대표적인 재벌 그룹의 형제들 간에 다툼이 일어나, 왕자의 난이니 하여 세간을 떠들썩하게 하더니, 요즘 부모덕에 재벌 총수로 있던 사람들이 형제간에 싸움을 벌이다 모두 검찰에 불려 다니는 모습을 보며, 저토록 가진 것이 많은 사람들이 도대체 뭐가 아쉬워 형제들끼리 화목하게 살지 못할까 하는 생각이 절로 든다.

이익을 눈앞에 두고 골육 간에 다툼을 벌이는 것이 요즘은 오히려 아주 흔한 일이 되어 별일도 아닌 듯하지만, 돈이 많은 사람들이 다른 것도 아니고 돈을 놓고 다투는 것을 통해서, 이익을 눈앞에 두고는 형제자매도 소용이 없다는 것을 다시 한 번 확인시켜 주고 있다.

콩 한 알도 나누어 반쪽씩 먹어야 한다고 옛날 어른들이 우애를 강조하는 마음을 십분의 일이라도 우리가 오늘날 지키고 산다면, 풍요로운 세상에서 얼마나 따뜻하고 훈훈하게 살아갈 수 있을까?

형제간의 고발에 의해 수천 억 대의 불법비자금이 드러났으니 사회 정의 측면에서는 잘된 일인지도 모른다. 그리고 재벌 총수 형제들이 우리나라 경제에

제2장 가족과의 관계

곽전郭全이 아우들과 재산을 나누는 그림(『오
륜행실도五倫行實圖』)

공헌한 점을 감안하여 불
구속 수사를 한다고 한다.
그들이 우리나라 경제에
큰 공헌을 한 것이 사실이
라 해도, 결국 그들이 다
툼으로써 그 집안에서 100
여 년간 일궈온 그룹의 앞
날이 불투명해지고, 그들
의 운명도 어떻게 될지 알
수 없는 지경에 이르렀다.
　형제의 다툼은 이처럼
모든 것을 통째로 삼켜버
린다. 그래서 옛날에 형제
간에 우애를 중시하였다.
가정 안에서 효와 함께 중
요시 되던 것은 형제와 우
애 있게 지내는 것이었다.
이는 효와 불가분의 관계
에 있기 때문이다. 자식이 남과 다투는 것도 견디기
어려운데 형제끼리 다투는 것을 두고 보는 부모의
마음이 어떠했을까는 말할 필요가 없다.
　남명에게는 일찍 죽은 형 납拉과 서제 환桓, 그리
고 누이들이 있었다. 남명이 이들 형제들과 어느 정
도 우애 있게 지냈던가 하는 일은 몇 몇 자료에 여실

남명의 인간관계

히 드러나 있다. 다음은 권별의 『해동잡록』에 소개된 내용이다.

> 선생은 동생과 우애가 대단히 돈독하여, 한 몸의 지체와 같아 서로 떼어놓을 수 없는 것이라 하고, 한 담 안에 같이 살면서 출입하는 데 두 문을 두지 않았다.[27]

남명이 형제를 마치 한 몸의 지체처럼 생각을 하였다는 것을 통해서, 동생과 동기애가 남달랐음을 알 수 있다. 그래서 그는 같은 담 안에 함께 살 뿐만 아니라, 출입문도 구분하지 않고 함께 사용하였던 것이다. 이 내용은 대곡의 묘갈명에 더욱 자세하게 나타나 있다.

> 그 아우 환과 더불어 우애가 매우 두터웠으니 말하기를, "지체는 떨어질 수 없다" 하고 한 울 안에 같이 살면서 출입에 문을 달리 하지 아니하고 밥상과 잠자리를 함께 하며 즐겁게 지냈다. 재산을 덜어 형제 중 가난한 이에게 나누어 주고 털끝만큼도 스스로 갖지 않았다.[28]

재산을 차지하기 위해 부모까지도 죽이는 일을 서슴지 않았던 일이 매스컴에 간혹 보도가 되기도 한다. 눈앞의 이권에 대해서는 형제자매와도 의를 끊고 남남처럼 사는 정도뿐만 아니라, 심지어는 원수보다도 더 심하게 여기는 경우는 흔하다. 이는 비단 오늘날에 비

제2장 가족과의 관계

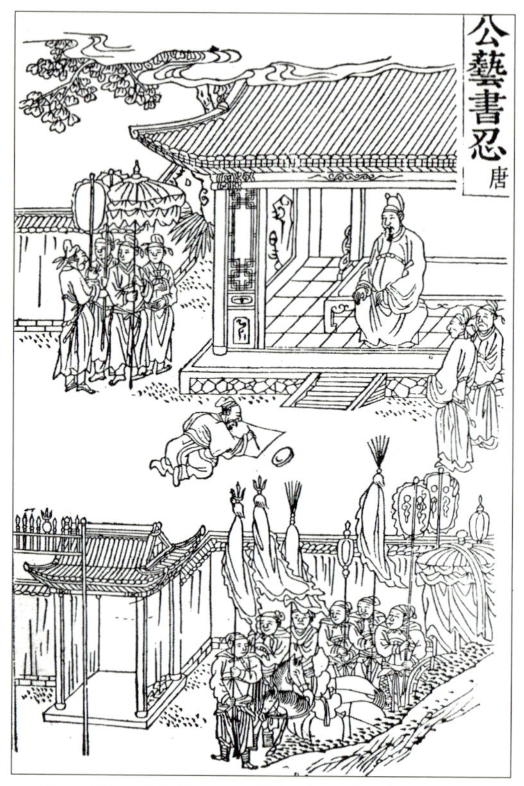

공예公藝가 형제들과 우애있게 살았던 이유를 백 개의 '인忍'자를 써서 알려주던 일을 그린 그림(『오륜행실도五倫行實圖』)

길 정도는 아니지만, 옛날에도 형제간에 이권을 놓고 다투는 일은 얼마든지 볼 수 있다. 그런 상황에서 남명과 같이 형제자매와 재산을 공유하며 우애 있게 지내는 일은 쉬운 것이 아니었으므로, 사람들이 이를 높이 평가하였다. 공자는 『논어』에서 다음과 같이 말하였다.

어떤 사람이 공자에게 말하기를, "선생은 어찌하여 정치를 하지 않습니까?"라고 하였다. 공자는 대답하시기를, "『서경』에서 효를 말했다. '부모에게 효도하며 형제간에 우애하여 그것을 정치에 베푼다'라고 하였으니, 이 또한 정치를 하는 것이다. 어찌 꼭 벼슬하여 정치할 필요가 있겠느냐?"라고 하였다.29)

남명의 인간관계

형제간에 우의 있게 지내는 것을 확충하여 정치에 베풀면, 그것이 바로 정치라 하였다. 집에서 효도하는 것과 형제와 우애 있게 지내는 것은 그래서 집안의 화목을 이룩하기 위한 기초가 되는 것이란 인식을 넘어선다. 『언행총록』에는 다음과 같은 내용이 있다.

> 선생이 집이 가난하나 재물을 가벼이 여기고 베풀기를 좋아하며, 극기를 의로 여겨 가산을 나눌 때에, 선생이 제사를 받들므로 서울의 장의동章義洞 집을 받고, 바닷가에 살 때에는 집을 자형 이공량李公亮에게 주니, 공량이 바로 돌려주었다. 남명은 이것을 여러 아우나 여동생 가운데 가난한 자에게 나눠주고 조금도 스스로 취하지 않았다. 또 삼가 토동의 밭과 살림을 아우 환에게 주고, 돌아올 때가 되어서는 송곳 꽂을 땅도 없었고, 제씨·매씨의 의식에 보탬이 되게 하고도 역시 뜻에 두지 않았다.30)

명종明宗이 유일遺逸을 천거하라고 하자, 경상도와 충청도, 경기도에서 일찍 치계馳啓하여 유일을 천거하였는데, 이 때 천거를 받은 자를 소개하는 내용 가운데에도 남명이 형제와 함께 살면서 자신을 위해 재산을 사축하지 않았다는 것을 높이 평가한 것을 볼 수 있다.

명종이 "조식曹植은 방정方正하고 염결廉潔한 사람으로 형제와 같이 살면서 자기의 재물을 사축하지 않았으며, 학문에만 뜻을 두고 과거科擧는 일삼지 않았다. 부모의 상을 당하여는 3년 동안 최질을 벗지 않았으며, 집에 곡식 한 섬 없어도 항상 태연하였다"31)고 하며, 주부라는 벼슬에 제수하였다.

뿐만 아니라 뒤에 이조吏曹의 추천을 받았을 때에도 조식曺植은 "성품이 방정方正·염결廉潔하고 형제가 함께 살면서도 자기 물건을 사유私有로 하지 않았다. 부모상 삼년 동안 몸에서 최질을 벗지 않았고 집안이 매우 궁색했어도 영달을 구하지 않았다"라 하니, 모두 주부主簿에 제수하라고 전교하였다.32) 조식의 뛰어난 조행 중에서도 형제와 함께 살면서도 자기 물건을 사유로 하지 않았다는 것이 포함되어 있음을 볼 수 있다.

3. 끝내 인간이 되지 못한다

순암順菴 안정복安鼎福은 남명에 대해 많은 자료를 남겼다. 성호星湖 이익李瀷이 그랬듯이 순암도 남명을 많이 거론하였던 까닭은 같은 남인의 처지였기 때문임을 부인하기는 어렵다. 하지만, 그가 남명을 추숭하였던 근본적인 원인은 남명이 여러 가지 면에서 모범이 되고 배울 점이 있기 때문이었다. 다음 글은 남명이 처자를 어떻게 대하였던가를 통하여 아우와 아들에게 처자를 대하는 방법에 대해 이야기한

남명의 인간관계

대목으로 남명이 처
자를 대한 일이 순암
에게 어떻게 받아들
였는가 하는 사실이
잘 드러나 있다.

너희들이 항상
안방에서 거처하는
것은 방이 없어서
그런 것이기는 하나
매양 생각할 때마다
깊은 염려를 금할
수 없다. 남명 선생
南冥先生이 말하기를
"사람이 평소 처자
와 같이 생활할 경
우 자신도 모르게
빠져들어 사람다운
사람이 될 수 없다"
고 하였는데 정말
긴요한 말이다. 대

答舍弟家兒書 壬申

汝輩常處內房房舍無所雖致如此每念之不勝溪
慮南冥先生之言曰人之平居與妻孥共處因循汨
溺無由成人誠是喫緊語也盖人常處內則所見所
閒皆是卹瑣駸駸漸染不能自拔人慾日深浩氣何
由以生即如此不已孟子禽獸不遠之喻不異矣汝
輩能念及此否汝輩原来志氣無激仰振作之意常
有汨沒庸碌氣像然則不過為鄉曲一陳庸人父兄
之所望豈如是哉孔明悲歎窮廬將何及之說常
須著念也

「답거제가아서答舍弟家兒書」『순암집順菴集』

체로 사람이 항상 안방에서만 거처하면 보고 듣는 바
가 모두 잗달아 자신도 모르게 물들어 스스로 빼어나
지 못하여 인욕人慾만 날로 깊어지는데, 호연지기浩然
之氣가 어디에서 생기겠느냐. 그러한 생활이 계속될 경
우 맹자孟子가 말씀하신 "금수禽獸와 별로 차이가 나지
않을 것이다"는 비유와 다르지 않을 것이다. 너희들은
이점을 생각해 본 적이 있느냐? 너희들은 원래 지닌
지기志氣가 격앙激昻하고 진작振作하려는 뜻이 없고 항

상 골몰되어 용렬한 기상만 있다. 그렇다면 시골의 일
개 범인凡人에 불과한 것이다. 부형父兄이 어찌 그러기
를 바라겠느냐. 제갈공명諸葛孔明이 말한 "외딴 집안에
서 탄식한들 무슨 소용이 있겠는가?"라는 말을 항상
생각해야 할 것이다.33)

　여기에서 인용한 남명의 말은 꼭 들어맞는 것을
지금 찾기는 어렵다. 다만 『남명총록』에서 남명의 말
을 인용하여, "항상 거처할 때는, 마땅히 처자와 섞여
있어서는 마땅하지 않다. 비록 자질이 아름답더라도
곧 따라 빠져버려, 끝내 인간이 되지 않으리라"34)라
한 것을 염두에 두고 순암이 언급한 말로 보인다. 아
무리 자질이 아름다운 사람이라 해도 처자와 어울리
다 보면, 처자에 빠져서 인간이 되지 못한다고 하였
다. 처자에 빠진다는 것은 무슨 말이며, 인간이 될 수
없다는 것은 무엇인가? 처자의 애교와 자식의 재롱
을 받다보면, 그것에 현혹이 되어 올바른 판단을 하
기 어렵다는 것이고, 그러다 보면 인간으로서 해야
할 도리를 잊기 쉽다는 말이다. 옛날 부모를 뒷전에
두고 처자만을 위하다가 집안에 분란이 일어나는 일
이라던가, 처자를 위해 해서는 안 되는 일을 하다가
신세를 망치는 것 따위가 여기에 해당된다고 하겠다.
　순암은 남명의 이 말을 맹자가 말한 것과 다르지
않다고까지 높이 비의하며, 부부 사이는 유별해야
함을 말했다. 그리고 자신의 아들 학學에게 보내는

남명의 인간관계

편지에서는 논의를 더욱
확대하여 다음과 같이
말하였다.

　　부부의 관계는 온갖
복의 근원이니만큼 처
음부터 근신하는 도리
를 신중히 하지 않을 수
없다. 서로가 예의로 존
경하는 것을 잊어버리
고 갑자기 서로 친밀해
질 경우 곧바로 금수禽
獸가 되고 말 것이다. 항
상 이것으로 말미암아
자신과 가문의 명예를
실추시키고 있으니, 삼
가지 않을 수 있겠는가.
『중용中庸』에 말하기를
"군자君子의 도리는 부

도미都彌의 아내가 남편을 따라 왕에게서 도망
친 뒤 함께 사는 모습

부로부터 시작된다"고 하였다. 조남명曹南冥이 일찍이
말하기를 "사람이 평소 처자들과 같이 생활해서는 안
된다. 비록 아름다운 자질을 지닌 사람이라도 자신도
모르는 사이에 함닉되어 성취하지 못하고 만다"고 하
였다. 허관설許觀雪이 그의 아내와 서로 손님처럼 대하
여 늙을수록 더욱 지극히 하였는데 지금까지 사람들
이 입이 닳도록 일컫고 있으니, 가장 법 받을 만하다.
　　금세에는 가정의 자제들이 어려서부터 부모의 곁
에서 자라 출입하는 것과 사물을 접하는 것을 모른다.
그러다가 하루아침에 장가를 가면 경솔하고 나약한
부류는 대부분 예로 몸을 단속하지 못하여 말할 때나

제2장 가족과의 관계

행동할 때에 번갈아 잘못을 저질러 사람들에게 얕잡
힘을 당하니, 깊이 생각해야 할 것이다. 처가妻家는 편
안하여 안일에 빠지기 쉽다. 옛날 진 문공晉文公과 유
선주(劉先主 : 촉한蜀漢의 유비劉備)는 영웅의 자질을 지녔
는데도 이러한 우환에 빠지기도 하였는데, 더군다나
나약한 기질로 그 경우를 당했다면 말할 게 뭐 있겠는
가. 군자君子가 강剛을 귀중히 여긴 것은 이욕에 굽히
지 않기 때문이다. 또 고인古人이 안일을 독약으로 여
기었으니, 늘 경각심을 가지고 살펴야 할 것이다.
  지금 내가 너를 보내는 것은 풍속에 따라 너의 처
가妻家에서 맞이하는 예를 치르기 위해 그런 것이 아
니다. 다행히도 윤장尹丈이 이웃에 살고 있으니, 네가
그분에게 교화를 받을 희망이 있을 것으로 기대해서
이다. 마땅히 날마다 찾아가 문안 인사를 드리고 조만
간에 『논어』를 가르쳐 달라고 청하되, 절대로 집에 있
을 때처럼 시도 때도 없이 출입하며 한가로이 나날을
지냄으로써 허송세월을 보내지 않아야 할 것이다. 한
번 선배 어른들에게 예우받지 못하는 사람이 되어 버
리면 앞으로 발을 붙일 곳이 없을 터이니, 경계해야 할
것이다.[35]

  아들 학을 처가에 보내며 당부하는 말로 쓴 편지
이자 계명이다. 생활태도라던가 벗을 사귀는 문제,
공부하는 자세 등등 처가에서 장기간 체류하면서 필
요한 내용을 적었는데, 역시 부부 사이의 관계 설정
에 관한 당부가 주종을 이룬다. 남명은 여기에서도
남명의 말을 인용하여 경계시키고 있음을 볼 수 있
다. 아내와 지나치게 가까이 지내면 안 되며, 마치 손
님처럼 서로 공경하여야 함을 강조하였다.

남명의 인간관계

한 때 유행하던 농담 시리즈 가운데 '간 큰 남자 시리즈'가 유행한 적이 있었다. 아내가 보고 있는 연속극 채널을 허락도 없이 돌리는 사람, 외출복을 입고 나가는데 어디 가느냐고 묻는 사람 등 공처가 이야기이다. 그런데 이 이야기는 특정한 공처가 이야기가 아니고, 남자들 모두가 그러하다는 말이다. 곧 남자들의 자조적인 농담이며, 남성의 사회적 위상의 변화가 반영된 것이라 한다.

가정 내에서의 지아비의 위치가 옛날에 비해 상대적으로 낮아졌다고 할 수 있지만, 옛날이라고 남성이 무조건 우월적 지위에 있었던 것은 아니다. 조선 초기의 관인이며 문인인 서거정徐居正이 지은 『태평한화골계집太平閑話滑稽集』이라는 소화집 笑話集에 이런 우스개 소리가 실려 있다.

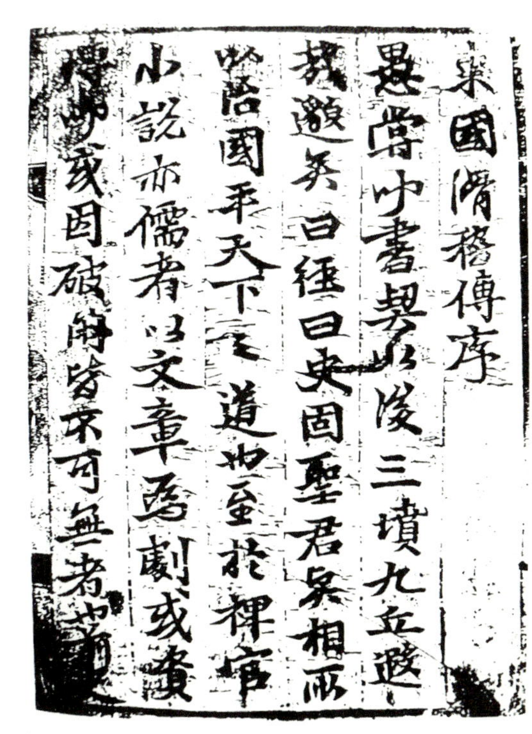

『태평한화골계집太平閑話滑稽集』의 서문

제2장 가족과의 관계

어떤 사람이 군대에 갔다. 군대의 상급자가 하급자들에게 자신이 공처가라고 생각하는 사람은 빨간 깃발 아래로, 공처가가 아니라고 생각하는 사람은 파란 깃발 아래로 모이라고 하였다. 그러자 사람들이 모두 빨간 깃발 아래로 모였다. 모두 자신을 공처가라고 생각하였던 것이다. 그런데 그 가운데 오로지 한 사람만이 빨간 깃발이 아닌 파란 깃발 아래 서 있었다.

모두 놀라 그를 바라보았고, 그 상급자는 무슨 천연기념물이라도 발견한 듯이 그에게 다가가서 물었다. 어떻게 다른 사람과 다른 깃발 아래 서게 되었는가를 물었다. 그랬더니 그 사람이 그의 아내가 사람 많은 곳에 절대로 가지 말라고 하였다고 하여 사람이 많은 빨간 깃발을 피하여 파란 깃발 아래 서 있었다는 것이다. 잠시나마 유일하게 공처가가 아닌 사람인가 했던 그 사람이야 말로 공처가였던 것이다.

이는 물론 오늘날의 간 큰 남자 시리즈와 똑같은 유형의 이야기라 할 수 있다. 500년이 넘는 오랜 세월이전에도 이처럼 남자들이 자신을 공처가라고 생각하는 사람이 많았다. 지금 우리가 생각하는 것처럼 남자들이 옛날에 가부장적인 권위만 누리고 살았던 것은 아니다. 부부의 관계는 상하의 관계가 아니라, 동등한 관계다. 그래서 음양陰陽에 비유하고, 건곤乾坤에 비유한다. 음양과 건곤에는 상하의 개념이 들어

남명의 인간관계

있지 않다. 이 둘은 서로 상보적이고 상생적인 관계
에 있는 것이다.

그래서 부부간에도 상하의 관계가 아니라, 상경
相敬의 관계이다. 마치 서로 손님을 대하듯이 서로
공경하며 살았던 것이다. 부부간에 서로 존대를 하
며, 상대의 영역에 대해서는 서로 간섭하지 않는 것
이 그들의 삶이었다. 아내는 안살림을 도맡아서 하되
남편은 이에 대해 시시콜콜 간섭하지 않았고, 남편은
바깥 살림을 꾸려가되 아내는 이에 대해 참견을 하
지 않았다.

최근에 누군가가 거안제미擧案齊眉 고사에 대하
여 이야기하는 것을 들었다. 제미거안의 고사는 남녀
차별적인 예이고, 따라서 이것을 이야기하는 것도 옳
지 않고, 이것을 더구나 교재에 수록해서는 안 된다
는 것이었다.

이러한 인식에는 이 내용을 제대로 이해하지 못
한 중대한 잘못이 있다. 그것은 그들이 말하는 것처
럼 남녀 차별적 고사가 아니다. 이 내용은 부부가 서
로 상경하던 부부윤리를 강조한 것으로 남녀의 위치
가 남성 우월적 위치에 있는 것이 아니라 남녀가 동
등한 관계에 있는 것이다.

즉 거안제미라는 말 자체는 양홍梁鴻의 아내가
남편에게 밥상을 들고 갈 때, 상을 눈썹 높이에 맞추
어 들고 갔다는 것이다. 남편을 높이고 공경하며, 조

제2장 가족과의 관계

한나라 때의 열녀 목강穆姜이 전처 소생의 아들을
잘 돌보아주어 감동하게 한 것을 그린 그림. 남편
에 대한 아내의 도리를 다한 것으로 일컬어짐.

심하는 뜻이 담겨 있다. 이 하나로만 보면 남성이 우월적인 것처럼 보인다. 하지만, 그 이전에 양홍이 아내에 대해 하는 행동도 함께 눈여겨보아야 한다. 양홍은 자신과 결혼하려는 부귀한 집안의 여자들을 모두 물리치고, 추녀인 여자를 아내로 맞이하였고, 또 아내와 서로 공경하는 마음을 가졌다.

남편이 이처럼 아내를 공경하니, 아내도 또한 남편을 공경하는 것이다. 여기에 남성 우월적 지위를 찬양하거나 고무하는 뜻은 전혀 없다.

몇 년 전에 제주도에 갔더니, 그곳에서 안내하는 사람이 손님들 가운데 40대 부부들이 가장 힘들다고 하였다. 이들은 제주도에 와서 서로 농담하고 스스럼

남명의 인간관계

없이 지내는 듯하다가 결국은 다투고 서로 따로 따로 돌아가 버려서 아주 난감하였다는 이야기였다.

우리나라 출산율이 세계 최저를 기록한 것과는 대조적으로 이혼율은 가장 높은 그룹에 속한다. 엄격하게 말하면, 이혼의 증가율이 세계 최고라고 할 것이다. 물론 이러한 원인에 대한 여러 가지 분석이 있을 수 있겠지만, 어쨌든 우리는 지금 위기의 부부, 위기의 가정을 살고 있다.

만약 우리가 지금이 양홍과 그의 아내처럼 거안제미하며 서로를 공경한다면, 이혼율이 이렇게 높아갈 수 있을까? 서로 공경하는 일을 양홍과 그의 아내처럼 하지 못해서 부끄럽고, 그것을 배우려고 하는 것이 당면과제일 수도 있다. 그럼에도 불구하고, 이것을 교재에 수록해서도 안 되며, 더구나 이야기조차 해서도 안 된다는 것은 고전의 지혜를 말살하는 행위이다.

남명은 충순위忠順衛 수琇의 따님인 남평南平 조씨曹氏에게 장가들었다. 남명은 부인에 대하여 "비록 살뜰한 정은 없었으나, 평생 은혜와 의리를 끊지는 않았었다"36)라고 하였다. 아마도 김해로, 덕산으로 떠나가 홀로 살았던 일 때문에 살뜰한 정은 없었다고 한 것으로 보인다.

이 때문에 더러 남명이 부부 사이의 금실이 별로 좋지 않았던 것처럼 말하는 경우도 없지 않으나, 이는 남명이 평생 지켰던 신념을 이해하지 못한 데에

제2장 가족과의 관계

서 말미암은 것이라 하겠다. 일견 금슬화지琴瑟和之
못하는 것처럼 보였지만, 한 번 부부의 인연을 맺어
그 은혜와 의리를 끊지 않았다고 한 데에서 이러한
일이 애정과 크게 관계가 없음을 알 수 있다.

선생이 엄숙하게 중인衆人에게 임하며 안방에서
도 내외가 엄숙·정제하였으며, 종들로 가까이 모시
는 자라도 머리를 빗어 바로하지 않으면 감히 나서지
못하게 했으며, 비록 배우자의 높은 분도 역시 그러
하였다.37)

임종시에 부인들을 물리쳐 가까이 오지 못하게 하
고 죽음을 편안히 여겨 마음의 동요없이 조용히 잠자
듯이 하였다.38)

초취부인初娶夫人 남평 조씨가 일찍 돌아가서 송
씨를 다시 맞이했으니, 임종 때의 이 일은 송씨에 대
한 것이라 하겠
다. 그러나 송씨
에 대한 특별한
언급이 어디에도
없는 점은 남명이
처자와 일정한 거
리를 두었던 것을
알려준다. 남명이
돌아갈 때에도 부
인을 물리쳐 가까

남평 조씨의 묘소

남명의 인간관계

이 오지 못하게 하
였다는 것을 통해
서 생전에 처자를
어떻게 대하였던
가를 살필 수 있
다. 그러나 이것은
남명의 겉모습에
지나지 않는다. 겉
으로는 처자에 대
해 엄격, 근엄하였
지만 속마음은 무

남명의 후처 송씨의 묘소

척 다정다감하였던 것으로 보인다. 그가 아들을 잃었
을 때 보인 모습을 통해 이를 엿볼 수 있다.

남명은 첫째 부인과의 사이에 아들 하나와 딸 둘
을 낳았다. 아들이 바로 차산次山인데 남명이 44세
되던 해인 1544년 6월에 아들 차산을 잃었다. 차산은
어려서 뛰어나게 총명하였다. 외아들 차산이 죽은 뒤
의 그 허탈한 심경이 어떠했을까? 남명은 비유적으
로 다음과 같이 말한 바가 있다.

일찍이 기르는 개가 먹이를 다투어 으르렁대는 것
을 보고 탄식하면서, "옛날 진씨의 개는 백 마리가 한
울 안에 살았는데 우리 집 개는 그렇지 못하니 부끄럽
구나"라고 하였다.[39]

제2장 가족과의 관계

총명한 어린 아들이 일찍 죽은 것에 대한 슬픔이
배어 있기는 하지만, 여기에는 아들이 일찍 죽도록
한 자책이 있다. 아들을 먼저 보낸 아버지의 아픔이
배어 있는 말이다. 자식을 잃는 것은 이 세상 어떠한
일보다도 마음이 아픈 일이다. 오죽하면 피눈물에 실
명까지 한다고 하여 상명지통喪明之痛이라 했겠는가?
그런데 그 아들이 똑똑하여 장래에 기대가 컸다면
부모의 마음 더욱 슬플 것이다. 차산은 매우 똑똑하
였던 것으로 보인다.

또한 산해정山海亭에서 글을 읽고 있는데, 하루는
초헌을 타고 길을 지나가는 행차가 있어 매우 거창하
였다. 함께 배우던 아이들은 모두 다투어 구경하고 부
러워했지만, 차산은 홀로 태연히 글을 읽으며 조용히
말했다. "장부의 할 일이 어찌 거기에 있겠는가?" 아
버지 남명이 기특하게 여겨 사랑하였으나 불행히도
일찍 죽었다.40)

다른 아이들
이 높은 벼슬아치
의 행차를 보고
부러워했지만, 차
산은 그러한 부귀
영화는 장부의 할
일이 아니라고 하
였다. 그 아버지

산해정山海亭 현판

남명의 인간관계

에 그 아들이란 말과 같
이 남명이 평생 추구하
던 것을 어린 아들이 그
대로 이어받았다고 하겠
다. 그래서 남명은 특별
히 이 아이를 사랑했고,
이 아이의 죽음을 맞아
더욱 슬퍼하였던 것이라
하겠다. 이를 통하여 겉

신산서원

으로는 엄하게 대하면서도 속으로는 자식을 사랑했
던 남명의 모습을 볼 수 있다.

벗과의 관계

　　오늘날 우정이란 무엇인가? 이러한 물음에 앞서 과연 오늘날의 우리에게 우정이란 것이 있는가 하는 생각이 먼저 든다. 아니 이보다 현대인들이 우정을 논할 자격이 있는가 하는 것을 먼저 검증해 봐야 옳지 않을까 여겨진다. 나도 현대를 살아가는 사람으로 너무 자기파괴적인 발언이 아닌가 하는 맘이 없지 않으나, 진정한 우도를 요즈음 찾아보기 어려운 것이 사실이다.

　　남명은 벗의 내면보다는 신분이나 능력을 따르는 요즈음 세태와는 전혀 다른 일을 추구하였다. 그렇다고 남명이 친구로 사귀었던 여러 사람들의 의표儀表가 고결하였으며, 친분으로 얽힌 관계가 아니고 마음으로 통하는 사이였다. 남명은 사람을 취함에 신분과 같은 외양보다는 마음과 행동을 보고 방정한 벗을 취하는 데에 적극적이었다.

벗을 취하는 데도 방정하여 친구로 삼지 못할 사람이 있으면 설사 벼슬이 높고 귀한 사람이라고 하더라도 시궁창 보듯이 하고 그와 대하는 것을 수치로 생각하였다. 이 때문에 교제가 넓지 않았다.41)

위의 내용은 권별의 『해동잡록』에 보이는 것이다. 속세에서 벼슬의 고하와 신분의 귀천에 따라 이합집산하는 것과는 달리 마음이 바른 사람을 벗으로 하였다는 것이다. 심지어는 친구로 삼지 못할 사람이 있으면, 벼슬이 아무리 높아도 시궁창 보듯이 하였다는 것은 그가 진정으로 벗을 사귐에 겉으로 드러난 것보다는 숨어있는 것을 중시하였음을 드러내는 것이다. 대곡은 묘갈명에서 이와 비슷한 이야기를 하였다.

벗을 사귐에 반드시 단정하여 그 사람이 벗 할만하면 비록 포의布衣라도 왕공王公처럼 높여 반드시 예로써 공경했고, 벗하지 못할 사람이면 비록 벼슬이 높고 귀하여도 흙으로 만든 인형같이 여겨 함께 앉기를 부끄러워하였다. 이 때문에 사귐이 넓지 못했지만, 그러나 그 더불어 아는 이는 학행과 문예를 지니어 모두 당세의 이름난 선비 중에 선택된 사람들이었다.42)

대곡의 이 말은 『남명행록』에도 정리되어 있는데, 남명의 교우관계에 대한 좋은 설명을 하였다. 벗을 사귐에 단정한 사람을 높이고, 그렇지 못한 사람은 흙으로 만든 인형같이 여기며 함께 앉는 것조차 부끄러워하였다는 것은 남명이 당시의 바른 선비들과

남명의 인간관계

선택적으로 교유하였던 까닭을 알려준다. 다음 글에
도 이와 같은 뜻이 드러나 있다.

> 선생이 벗 사귀기를 반드시 단정한 사람으로 하니,
> 그 사람이 벗할 만 하면 비록 포의와 누더기를 입은
> 사람이라도, 높이기를 왕공과 같이 하여, 반드시 더 예
> 경하며, 관리와는 벗하지 않았으니, 비록 높고 귀하더
> 라도 보기를 초개같이 하여 자리를 같이 하기 부끄러
> 워하였다.43)

남명과 깊은 교우관계를 유지했던 사람은 그리
많지 않다. 그러나 몇 안 되는 사람들은 모두 당시의
명사였고, 모두 어지러운 속세를 등지고 살던 사람들
이었다. 앞서 말한 동주東洲 성제원成悌元도 그렇고,
청송聽松 성수침成守琛, 대곡大谷 성운成運, 황강黃江
이희안李希顔 등이 모두 그렇다.

일시의 명사로 청
송 성수침, 대곡 성운,
동주 성제원, 황강 이선
생, 송계 신선생 모두
지기지우知己之友였고,
성참봉成參奉, 곽사간郭
司諫도 역시 교정이 두
터웠고, 두 사람이 을사
사화乙巳士禍에 걸려 죽
으니 매양 그들을 생각
하여 눈물을 흘리지 않

이희안李希顔의 묘

은 적이 없었다. 삼족당三足堂 김대유金大有와는 교정이 가장 깊어 일찍이 '천하사天下士'라고 허여하였다.44)

남명의 『언행총록』에 나오는 한 대목인데, 여기에 거론된 사람은 남명이 생전에 가장 가까이 교유하던 사람들이다. 여기에는 언급이 되어 있지 않으나 친하게 지냈던 인물로는 동고東皐 이준경李浚慶, 구암 이정李楨, 일재一齋, 이항李恒, 규암圭庵 송인수宋麟壽, 이림李霖, 성우成遇 등이 있다.

이항과는 젊었을 적 친구로 매우 절친하게 지냈던 것 같다. 유일로 임금의 부름을 받아 한 곳에 모였을 적에도 남명은 말끝마다 이항을 희롱하기를, "항지恒之는 큰 당적이야. 나는 자네의 큰 당에 연루되어 공초에 따라 온 격이다"라고 하였다. 『후청쇄어』 및 『동각잡기』에서는 이 말을 "선의의 농담"이라고 좋게 해석하고 있다.45)

송인수와도 교분이 두터웠다. 『남명집』에 송인수로부터 대학을 선물받고 쓴 글이 있다. 이림과는 젊은 시절부터 친구로 지냈다. 성우와는 어렸을 적부터 친구였다.

남명의 인간관계

1. 우도가 오륜의 끝에 놓였다고 해서
   낮은 것이 아니다

　　옛날 춘추시대 조趙나라에 염파廉頗라는 장군과 인상여藺相如라는 재상이 있었다. 염파는 명문 출신으로 무예와 지략이 출중하여 나라에 큰 공을 세운 뛰어난 장수였다. 반면에 인상여는 별볼일없는 집안에서 태어나 열심히 공부하여 임금의 지우를 받고 재상에 임명이 되었다.

　　인상여가 아직 크게 드러나지 않았을 때에, 조나라에서는 참으로 난처한 처지에 놓이게 되었다. 당시의 제일 강국인 진秦나라에서 조나라에 천하의 보배인 화씨벽和氏璧이 있다는 것을 알고 이것을 수중에 넣으려 조나라에게 제의를 해왔다. 바로 진나라의 15성과 화씨벽을 바꾸자는 것이었다.

　　조나라에서는 진나라의 제의를 거절하면, 이것을 핑계로 진나라가 쳐들어 올 것이고, 그렇다고 화씨벽과 진나라의 15성과 바꾸자고 하면, 성은 받지 못한 채 화씨벽만 빼앗기는 결과를 초래할 것이 너무도 자명하였기 때문이다. 이런 곤궁에 빠진 나라를 구한 것은 무장 염파가 아니라 매일 놀고만 먹는 것 같았던 인상여였다.

인상여는 임금이 수심에 차 있는 것을 보고, 자진하여 이 일을 해결하겠다고 나섰다. 그는 화씨벽을 가지고 진나라로 가서 진왕에게 그것을 건네주고 15성을 달라고 하였으나, 진나라에서는 예상했던 바와 같이 이 핑계 저 핑계만 댈 뿐 성을 주려는 마음이 없었다. 이를 확인한 인상여는 진왕을 속여 마지막으로 화씨벽을 보게 해달라고 청한 뒤에, 화씨벽이 손에 들어오자 그것을 들고 단숨에 계단으로 뛰어 올라갔다.

그리고는 그 화씨벽을 계단에 내리쳐서 깨뜨려버리겠다고 진왕을 위협하였다. 진왕은 깨어져 없어지는 것보다는 훗날을 도모하자는 의미에서 인상여와 화씨벽을 조나라로 돌려보내주었다. 이 일로 조나라에서는 진나라의 침략을 당할 명분도 없애고, 화씨벽도 온전히 다시금 수중에 넣게 되었다. 우리가 흔히 쓰는 완벽完璧이라는 단어는 바로 여기에서 유래된 것이다.

이 일을 계기로 조왕의 눈에 들은 인상여는 결국 재상에 임명되었는데, 지위가 염파보다도 높았다. 염파는 인상여를 볼 때마다 화가 치밀었다. 자신은 목숨을 담보로 적과 싸워 장군이라는 지위에 있지만, 인상여는 임금 곁에서 아양이나 떨면서 자신보다 높은 재상 지위에 있다는 생각이 들었기 때문이다.

그래서 그는 기회만 오면 인상여를 죽여 없애려

남명의 인간관계

고 하였다. 이런 사실을 안 인상여도 염파를 먼발치
에서 보기만 하여도 피해 다녔다. 그러나 인상여는
염파가 두려웠던 것이 아니고, 조나라의 기둥과 같은
두 사람이 싸운다면, 주변의 나라들이 좋아할 것이라
는 것을 우려해서였다. 염파는 인상여가 자신을 피했
던 진심을 알고는 크게 부끄러워하였다.

그래서 그는 웃옷을 벗고 가시나무를 등에 지고
인상여의 집에 가서 용서를 빌었다. 인상여도 염파의
사과를 받아들이고, 두 사람은 더없이 친하게 지내었
다. 그리고 합심하여 조나라를 강국으로 이끌었다.
이 둘의 우정은 이후로 이루 말할 수 없이 깊어졌는
데, 세상에서 이를 문경지교刎頸之交라 불렀다. 즉 목
에 칼이 들어와도 변하지 않은 우정이란 뜻이다.

염파가 인상여를 죽이려 했던 것은 인상여를 몰
라서 그랬던 것이고, 인상여와 친구가 된 것은 그를
제대로 알고 나서이다. "나를 낳아 준 사람은 부모이
지만, 나를 알아주는 사람은 포숙鮑叔"이라고 관중管
仲이 부르짖었던 것도 관중이 포숙의 진정한 마음을
헤아리고 나서 그런 것이다. 후대에는 이처럼 마음으
로 통하는 벗을 만나기 어렵다. 율곡栗谷 이이李珥도
이미 이것에 대해 다음과 같이 말하였다.

봉우朋友의 도가 단절된 지 오래되었다. 지금 세상
에서 봉우라고 부르는 것은 내가 말하는 우도가 아니
다. 어려서 한 떼의 고기처럼 놀고 커서도 두각이 성글

제3장 벗과의 관계

관중管仲(『삼재도회三才圖會』)

어짐이 없는 이런 사람을 벗이라 해야 되지 않겠는가? 아니다. 한 동리에서 자라고 동문 수학하여 단 하루만 못 보아도 마치 삼추를 떨어져 있던 듯이 생각되는 이런 사람을 벗이라 할 수 있지 않겠는가? 아니다. 서로 부모도 뵙고 통가까지 하여 그야말로 정교칠과 같아 흉회를 털어 보일만한 사람이 어찌 벗이 아니겠나? 아니다. 벗이라 하는 것은 뜻을 벗하고 도를 벗하는 것이다.46)

율곡의 이 논의는 이른바 죽마고우가 벗이 아니고, 겉으로는 형제와 다름없는 동문이 벗이 아니며, 뜻을 벗하고 도를 벗하는 사람이 진정한 벗이란 말이다. 염파와 인상여의 경우와 관중과 포숙의 경우도 모두 이러한 예에 속한다고 할 수 있다. 옛날 미생고 尾生高가 죽음으로 친구와의 약속을 지킨 것도 이러한 것에서 벗어나지 않는다고 할 수 있다.

주지하다시피 미생고는 친구와 마을 근처의 다리 아래에서 만나기로 하였다. 약속시간에 늦지 않기 위하여 미리 다리 아래로 가서 기다리는 동안, 폭우가

남명의 인간관계

갑자기 쏟아져 내렸다. 물이 점점 차올라와서 다리 아래 계속 있기가 어려웠지만, 친구와의 약속을 지키기 위해 그 자리를 지켰다. 물이 점점 거세져서 버티기 어렵게 되자, 그는 다리의 기둥을 붙들고 버텼다. 그러나 점점 불어나는 물을 견디지 못하고 그는 다리 기둥을 안고 죽었다.

이 황당한 사건이 수천 년 동안 우정을 이야기하는 동양인들의 입에 오르내렸다. 이 일은 언뜻 생각해도 도무지 이해가 가지 않는 대목이 많다. 아마도 이 이야기를 접한 사람이 가장 먼저 떠올리는 것은 꼭 그렇게 했어야만 했는가 하는 물음일 것이다. 비가 내리면 다리 아래에서 올라와 기다렸어도 될 것을 하필 목숨까지 버리며 그 자리를 지켰어야 했던가 하는 것이다. 그렇다면 우정이란 것이 목숨보다 귀한 것이었던가?

요즘 사람들에게는 이해가 되지 않을 수도 있으나, 옛날 사람들에게는 우정이 이만큼 중요하였다. 그래서 미생고의 어리석고 무모한 신의를 우도의 으뜸가는 예로 이야기하는 것이다. 오륜 가운데에서도 붕우유신은 맨 뒤의 자리를 차지하고 있다. 하지만, 이것이 다른 것보다 비중이 떨어지기 때문에 뒷자리에 위치한 것은 아니다. 연암燕巖 박지원朴趾源은 이에 대해 다음과 같이 말한 바 있다.

이면李勉이 친구가 준 돈을 돌려주는 그림

우도友道가 오륜의 끝에 놓였다고 해서 낮은 것이 아니다. 그것은 마치 오행 중의 토의 기능에 비유될 수 있는 것이다. 부자, 군신, 부부, 장유간의 도리는 붕우간의 신의가 없으면 어떻게 될 것인가? 만약 사람으로서의 떳떳한 도리를 잃으면 붕우가 바로잡아 줄 것이 아닌가. 우도가 끝에 놓인 이유는 뒤에서 인륜을 통령케 하려는 것이다.47)

우도가 뒤에 놓인 까닭은 사람의 윤리를 우정으로 통괄한다는 뜻이 있다는 연암의 해석은 참으로 오늘날 되새겨 볼 필요가 있다. 신의라는 것이 벗 사이에만 있어야 할 것이 아니고 모든 인간관계에 있어 필수적인 것이란 사실을 요즘도 이야기하는 사람이 적지 않다.

이른바 인간과 인간 사이의 관계는, 옛날의 임금

남명의 인간관계

과 신하의 관계든지, 아니면 요즈음의 직장 상사와
부하직원의 관계든지 서로간의 신뢰가 중요하다. 그
래서 부부간에도 신뢰가 바탕이 되지 않으면, 가정이
파탄에 이르게 되며, 부모 자식간에도 신뢰가 없으면
패륜이 발생하게 되는 것이다.

2. 노형은 벼슬자리를
끈질기게 지키시는구려

　연암은 우리에게 우정이 얼마나 중요한가를 일깨
워 주고 있다. 그리고 그는 미생고가 죽음으로 지켰던
것과 같은 우정을 남명과 동주 사이에 있었던 하나의
일화를 통하여 보여주고 있다. 우정은 모름지기 이와
같아야 한다는 모범을 제시한 것이라 할 수 있다.

　　옛날에 남명이 고향으로 돌아가는 길에 보은 땅의
대곡 성운을 방문하였다. 그 때에 동주 성제원이 보은
군수로 그 자리에 있었는데, 남명과는 초면이었다. 남
명이 농담으로 말하였다. "노형께서는 벼슬자리를 끈
질기게도 지키시는구려" 동주가 대곡을 가리키면서
웃으면서 말하였다. "바로 이 노인께서 나를 붙들어서
라오. 하지만 올해 8월 보름에는 해인사에서 달맞이를
할 작정인데 노형도 오시겠소?" 남명이 말했다. "좋
소" 약속한 날이 되어 남명이 소를 타고 약속에 맞춰
가는데, 도중에 큰 비가 내렸다. 간신히 앞 시재를 건

제3장 벗과의 관계

너 절 문으로 들어가자 동주가 누각 위에서 막 도롱이
를 벗고 있었다.48)

　남명은 처음 만난 동주와 농담처럼 한 약속을 지
키기 위해 큰 비를 무릅쓰고 결코 가깝지 않은 해인
사까지 갔고, 동주도 보은 땅에서 해인사까지 날짜에
맞추어 왔다. 연암은 이 두 사람의 극적인 만남을 남
명이 절문으로 들어서자 동주가 누각에서 막 도롱이
를 벗고 있었다고 하였다.
　이 고사에서 드러난 남명과 동주의 우정은 과연
어떠한 우정일까? 이 두 사람이 해인사에서 만나기
일년 전에는 일면식도 없는 사람이었다. 두 사람이
서로 만나 우의를 다지는 과정은 허권수 교수가 자
세히 설명한 바 있다.

　　남명은 쉰일곱 살 되던 해 가을에 젊은 시절의 친
구 성운을 찾아 속리산에 들렀다. 남명과 만난 자리에
서 대곡은 자신의 친척으로 당시 보은현감으로 있던
동주 성제원을 소개했다. 성제원은 일찍 과거를 포기
하고 산림에 은거하여 옛날 성인의 학문을 공부하며
지내고 있었다. 이 때 마침 유일로 천거되어 보은현감
으로 있었던 것이다.
　　세 사람은 남명이 그곳에 머무는 열흘 남짓한 동
안에 학문을 토론하고 시를 짓고 술을 마시며 즐겼다.
그 사이에 초면이었던 성제원과도 막역한 친구처럼
가까워져서, 이별을 너무나 아쉬워하는 성제원에게 남
명은 해인사에서의 만남을 제의하였다. 성제원도 기꺼

남명의 인간관계

해인사 전경

이 수락하였다. 자신도 벼슬을 버리고 내년 8월에 해
인사에서 만나기로 하였다.[49]

　해인사에서는 본래 남명과 동주, 그리고 대곡 세
사람이 만나기로 하였으나, 그 때 대곡은 병이 나서
갈 수 없는 처지가 되어 동주만 해인사로 왔다. 이들
이 해인사에서 만난 일은 그 먼 여정에 따르는 어려
움을 감안할 때 지금 생각해도 쉽지 않은 일이었다.
　그럼에도 불구하고 이들이 서로 만나게 되었던
우정은 이른바 친구로서 가까이 지내거나 어떤 신의
를 매개로 한 것이 아니었다. 이는 다름 아니라, 단
한 번을 만났지만, 서로 상대방의 마음과 마음이 통

제3장 벗과의 관계

한 것이었다. 이런 두 사람의 만남은 후대에 많은 사람들에게 감명을 주었던 것으로 보인다. 연암이 위와 같은 말을 하기 전에도 숱한 사람들이 이 만남을 화제에 올렸을 것은 추측이 가능하다. 성호가 이야기의 사실관계를 고증한 일은 이러한 관심의 정도를 반영하는 것이라 하겠다.

　내가 남명의 연보를 보니, "… 또 정묘년(1567, 명종 22) 조에는, "8월에 선생이 동주東洲 성 선생成先生과 가야산 해인사에서 만났다" 하였고, 그 아래의 주에는, "지난해에 선생이 서울로부터 남쪽으로 돌아와 속리산에 들어가서 대곡大谷 성 선생成先生을 방문하였다. 이때 동주가 고을 수령으로서 자리에 와 있었는데, 선생은 초면이면서도 마치 오랜 친구처럼 서로 이야기를 나누었고, 작별에 임해서는 명년 8월 15일에 해인사海印寺에서 서로 만나기로 약속을 했던 것이다" 하였다.

　그러나 조사해보니, 동주는 정덕正德 병인년(1506, 중종 1) 생으로서 가정嘉靖 기미년(1559, 명종 14) 5월에 죽었다고 되어 있었다. 그렇다면 여기서 말한 정묘년은 동주가 죽은 해로부터 이미 오랜 후이다. 다시 조사해보니, 임자년(1552, 명종 7)에 동주가 보은 현감報恩縣監이 되었다가 을묘년(1555, 명종 10)에 벼슬을 버리고 돌아갔는데, 고을에 있을 때 동주가 대곡을 찾아 뵈었으며, 이때 마침 남명도 왔었다고 하였다. 이것은 초당草堂 허엽許曄이 지은 『전언왕행록前言往行錄』에 나오는 것이다. 이에 의거하면 가야산의 만남은 을묘년이나 병진년에 있었을 것이다. 남명의 연보가 무민无悶 박인朴絪과 겸재謙齋 하홍도河弘道 및 간송澗松 조임도

남명의 인간관계

趙任道의 손에서 이루어졌는데, 세 사람은 모두 영남의
문학文學하는 선비로서 사적事蹟이 현저한 자들이다.
그런데도 그 기록이 이처럼 사실과 틀리니, 과연 찬술
纂述은 어려운 것이라고 하겠다.50)

　성호는 이 일을 통해 결론적으로 찬술하는 일이
쉬운 것이 아님을 말하였지만, 그 과정에서는 동주와
남명이 만났던 일이 남명연보의 내용을 근거로 할
때 사실과 부합하지 않음을 지적하고, 그것을 추정을
통해 바로잡아 보려 하였다. 이 두 분이 만난 시기가
연보에 있는 대로 정묘년(명종 22) 즉 1567년은 동주
가 이이 돌아간 지 8년이나 지난 때이니, 동주가 보
은현감으로 있다가 벼슬을 버리고 떠난 을묘년 1555
년이나 병진년 1556년의 일이라고 고증하였다. 최근
에는 이 두 분이 만난 때가 1557년으로 밝혀져 알려
졌지만, 이 두 분의 만남은 이렇게 두 분의 우정, 약
속의 중요함 등 극적 요소와 연보의 와류 등 여러 측
면에서 세인의 관심을 불러 모았다.
　이 앞부분에는 "'가정 기축년(1529, 중종 24) 6월
에 문정왕후文定王后가 승위升位하였고 같은 달 그믐
날에 입궁入宮하였는데, 7월 1일에 큰 눈이 내렸다.
양윤兩尹이 서로 반목하였기 때문에 선생이 사진仕進
할 뜻을 단념하게 되었다' 하였다. 그런데 국사國史
와『선원록璿源錄』을 보면 문정왕후의 입궁이 정축년
(1517, 중종 12)에 있었으니, 이 조항이 사실과 틀린

제3장 벗과의 관계

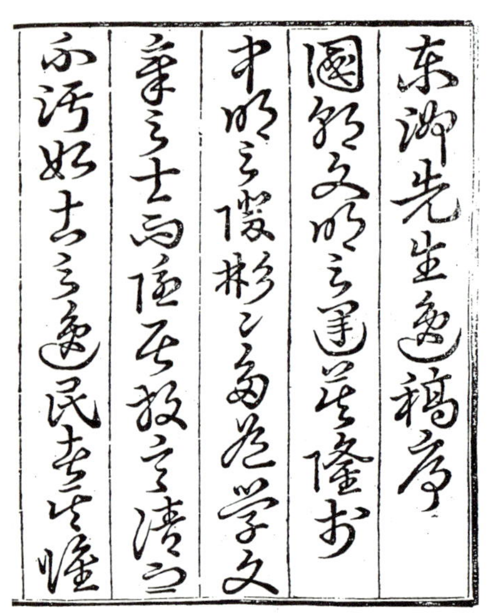

『동주선생문집』 서문

것은 의심할 여지가 없다. 또 을사년(1545, 인종 1) 조 아래의 주에는, '이해에 이포李苞 등이 직필直筆하는 사신史 臣 안명세安名世를 죽였다' 하였으나, 조사해본 결과 명세가 죽은 해는 무신년(1548, 명종 3)이었으니, 또한 잘못 인용한 것이다"라고 하여 남명연보의 잘못된 곳 두 군데를 바로 잡은 내용이 있다.

동주東洲는 후대의 학자들에게 좋은 평을 받았다. 남명에 대해서는 내암과 결부시켜 그리 좋은 평을 하지 않았던 택당澤堂 이식李植도 "세속의 예법에 구애받지 않는 호방한 성격의 소유자로 재략才略이 웅대하였으며, 이와 동시에 경학經學에도 통달하여 밝았는데 과거 공부는 아예 일삼지 않았다. 그리고는 술을 마시고 방탕한 생활을 하면서 때때로 광인狂人과 같은 모습을 보이곤 하였으므로, 세상에서는 그를 방성放成이라고 일컫기까지 하였다"[51]는 비교적 높은 평가를 하였다. 남명은 한번 만나 본 뒤 천년이 지나도 잊히지 않는 약속을 한 까닭은 동주의 세속을 초월한 이러한 모습에 반한 때문이라 여겨진다.

남명의 인간관계

3. 문을 굳게 닫아 버린 것이 부럽습니다

대곡은 남명의 묘갈명에서 남명은 학문이 독실하고 실행에 힘썼다고 하였다. 그리고 도를 닦고 덕에 나아가 깊은 조예와 넓은 견문은 비견할 이 드물었으니 또한 전현에 미루어 짝이 되고 후세 학자의 종사가 될 만 하다고 하였다. 그런데 간혹 어떤 사람들은 이를 알지 못한다고 안타까워했다. 그러면서 후대에 크게 알아 줄 사람이 있을 것이라 했다.[52]

대개의 경우 다른 사람에 대한 평을 할 때, 남의 이야기를 듣고 칭송하는 말을 좇아가는 경우가 일반적이다. 그

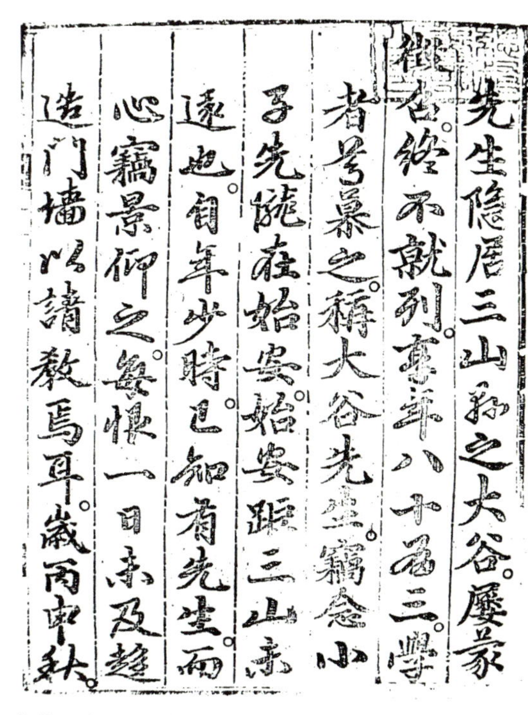

『대곡집大谷集』의 서문

러나 대곡은 남명의 이런 모습을 귀로 들은 것이 아니고, 자신이 직접 본 것이라 했다. 그래서 믿고 전할 만 하다고 했다. 남명의 학문을 이처럼 깊이 이해하고 알아주는 사람이 몇이나 있었을까?

대곡이 이처럼 남명을 신뢰하고 존경하였던 것과 마찬가지로 남명도 대곡을 가장 친밀하면서도 존경하는 벗으로 여겼던 것으로 보인다. 남명의 어렸을 적 친구이면서 평생을 변함없이 서로 사모하고 그리워하였다. 『남명집』에 대곡과 관련된 편지가 7편이 있고, 대곡은 남명의 묘갈명 등을 지었으니, 이것만으로도 두 사람 사이의 관계가 어떠하였는지는 짐작하고도 남음이 있다.

> 평소 나의 몸가짐이 보잘것없어서 오늘날의 이런 비방을 불러 온 것이니, 공이 옥처럼 자신을 지켜 남들이 감히 이러쿵저러쿵 흠잡을 수 없게 하신 점에 더욱 머리가 숙여집니다. 더욱이 공이 일찍이 질병을 얻어 세상사에 귀를 기울이지 않고 문을 굳게 닫아 버린 것이 부럽습니다.53)

> 몸가짐이 변변치 못해 견책을 불러오게 되었는데, 내 스스로 불러들인 것인지라 전혀 원망하는 바가 없습니다. 명공께서 칠십 평생 동안 남들이 감히 한마디 말도 흠잡을 수 없게 하신 점에 매번 감복할 따름입니다. 자신을 수양한 도가 없이 어찌 그럴 수 있겠습니까? 저와 같은 사람은 서리 맞은 파초처럼 행실이 잘못되었을 뿐만이 아니라, 멀리서 걱정하고 깊이 애통해 하는 마음을 다시 명공께 끼쳤습니다. 일찍이 자신

남명의 인간관계

을 그르쳤고 다시 벗에게 누를 끼쳤으니, 황천에서 마
주 대할 면목이 없습니다.54)

남명이 대곡에게 보낸 두 편의 편지 일부이다. 칠
십 평생 운운한 것으로 보나, 만년에 하종악 후처사
건으로 겪은 고초를 말한 것으로 보아, 이 편지는 모
두 만년에 지은 것이다. 이 편지에서 남명은 대곡을
부럽다 하였다. 그가 평생 산속에 묻혀 살면서 세상
에 나가지 않았고, 세상일에 눈과 귀와 입을 닫고 살
았다는 점을 흠모하였다.

　　또 대곡大谷 성운成運은 산림山林에서 자신의 덕을
기르기만 할 뿐, 조정에서 벼슬을 임명하며 불러도 응
하지 않았으므로, 사람들이 그가 어떤 인물인지 감히
엿보지를 못하였다.
　　이 두 분이 모두 호서湖西에 몸을 담고서 한세상에
이름을 나란히 하였으므로, 사대부들 모두가 이분들을
숭상하였는데, 퇴계退溪만은 유독 인정하지 않으면서
"대체로 보건대 이들 모두가 노장老莊에 물든 병통을
지니고 있다"라고 하였다.
　　이에 정인홍鄭仁弘이 또 이 말을 트집 잡아서 퇴계
를 공격하였는데, 이는 정인홍이 일찍이 보은 현감報恩
縣監으로 재직할 적에 대곡大谷을 종유從遊했던 인연이
있었던 까닭에 그를 사문師門으로 떠받들고 있었기 때
문이었다. 그런데 지금 『대곡집大谷集』을 보면, '허부찬
虛夫贊'이라든가 '취향기醉鄕記'와 같은 글이 눈에 띄는
데, 이것은 모두가 방외方外의 언어라고 하겠다.
　　남명과 대곡은 세상에서 보기 드문 고사高士라고
할 것이요, 그들이 각각 몸담은 방장산方丈山과 속리산

제3장 벗과의 관계

俗離山은 동방의 기영箕穎이라고 할 것인데, 불행하게
도 정인홍이라는 하나의 괴물을 빚어낸 나머지 맑은
풍도風度를 더럽게 먹칠하고 말았으니, 이 어찌 천고토
록 웃음거리를 제공하는 하나의 단서가 되었다고 하
지 않을 수 있겠는가.[55]

택당의 말이다. 대곡을 특징지어 "산림에서 자신
의 덕을 기르기만 할 뿐, 조정에서 벼슬을 임명하여
불러도 응하지 않았다"고 하였다. 남명이 대곡을 유
달리 좋아하고 평생 우의를 잃지 않았던 까닭은 대
곡이 한 번도 세상에 나아가지 않았다는 점에서 의
기가 서로 상통하였기 때문으로 보인다. 그래서 택당
도 한 세상 이름을 나란히 하였고, 세상 사람들이 모
두 숭상한다고 하였다.

택당은 아울러 "이들 모두에게 노장의 병통이 있
다"고 한 퇴계의 지적을 바탕으로 『대곡집』에 노장
취향의 '방외의 언어'가 있다고 하였다. 이 점은 대곡
뿐만 아니라 남명의 경우도 문집에 그러한 면모가
드러난다. 남명과 대곡이 더욱 가까워질 수 있었던
점이 바로 이러한 것 때문으로 생각된다.

4. 이 자리를 잃지 말게나

하종악 후처사건으로 남명이 구암과 절교하기 전
까지 남명과 구암은 매우 친밀한 관계를 유지하고

남명의 인간관계

있었다. 구암은 남
명에게 덕산에 함
께 살 것을 약속
하며, '참된 즐거
움이 여기에 있으
니 뜬 영화를 사
절해야겠다. 싸운
끝에 이기고 나니
여위었던 자가 살

구암龜巖 이정李楨이 살던 마을의 현재 모습

이 찔 듯하다. 지
금부터 뫼셔서 만년을 마치면 족하리라'고까지 말하
기도 하였다.

이밖에도 구암의 아버지 담湛이 명종 15년 아들
인 구암으로 말미암아 가선대부로 추증되자 구암은
남명에게 신도비문을 부탁하고 남명은 구암과 그의
선조를 찬양하는 비문을 써주기도 한다. 남명도 12살
연하인 구암을 벗으로 맞아들이고, 기회만 있으면 그
를 추중하였던 일을 다음 일화에서 확인할 수 있다.

신응사는 쌍계사에서 십 리쯤 되는 곳에 있고 그
사이에 보잘것없는 가게가 두어 군데 있었다. 절 문간
앞에서 백보쯤 되는 곳에 흐르는 칠불계七佛溪 근처에
이르러 말에서 내려 죽 벌여 앉았다. 시냇물이 세차게
흐르므로 모두 말에서 내려 다른 사람의 등에 엎혀 냇
물을 건넜다. 절의 주지인 옥륜玉崙과 지임持任인 윤의
允誼가 나와서 우리 일행을 맞이하였다. 절에 왔으나

제3장 벗과의 관계

문안으로 들어갈 겨를도 없이 곧장 앞 시냇가의 반석
에 가서 그 위에 죽 벌려 앉았다. 유독 인숙仁叔과 강이
剛而를 가장 높은 돌 위에 밀어 올려 앉히고서는 '그대
들은 비록 위급한 경우를 당하더라도 이 자리를 잃지
말게나. 만약 몸을 하류에 두면 올라 갈 수가 없게 되
고, 말 것이네'라고 말하니, 인숙과 강이가 웃으면서
말하기를, '바라건대 이 자리를 뺏지나 말게나'라고 하
였다.56)

1558년 4월 20일 지리산 신응사神凝寺에서 있었
던 일화이다. 공교롭게도 이 자리에는 황강黃江 이희
안李希顔·구암龜巖 이정李楨, 그리고 질서姪婿인 하
종악河宗嶽 등 뒷날의 음부옥淫婦獄과 깊이 연관되어
있는 인물들이 모두 있었다. 4월 14일 남명은 사천에
있는 구암의 집에서 묵게 되었는데, 구암은 남명 일
행에게 칼국수·단술·생선회·찹쌀떡·기름떡 등을
대접했다. 매우 정성스럽고 푸짐한 마련이었다. 4월
15일에는 고려조의 장군이었던 이순李珣의 쾌재정快
哉亭을 함께 올랐다.

이밖에 여행 중에 구암의 구토가 심하자 남명은
세심한 배려와 더불어 소합원蘇合元이나 청향유淸香
油로 처방을 하기도 하였다. 그리고 남명 일행이 청
학동靑鶴洞을 다녀오자 병 때문에 오를 수 없었던 구
암은 쌍계사의 팔영루八詠樓에 올라 그 일행을 반갑
게 맞이하기도 한다.57) 이러한 일을 통해 남명과 구
암의 우정이 어느 정도였던가를 짐작할 수 있다.

남명의 인간관계

그러나 하종악 후처사건을 계기로 남명은 구암을
신뢰할 수 없는 인물로 보고, 절교를 선언하였다. 구
암의 떳떳하지 못한 여러 행태를 접하였기 때문이다.
남명의 눈에 비친 구암의 옳지 않은 처신은, 첫째, 자
신의 더 큰 집안일은 모른 채 눈감아 버리고 이희안
의 집안 일을 들추어 낸 것, 둘째, 이렇게 함으로써
죽은 친구 이희안을 욕보이려 한 점, 셋째, 음부옥 처
리 과정에서 친구인 남명 자신을 궁지로 몰아넣은
점, 넷째, 음부옥을 통해 재산을 차지하려 기도한 점,
다섯째, 음부옥 처결과 관련하여 당시의 권귀에게 아
첨한 점, 여섯째, 구암이 음부옥 처리과정에서 보여
준 일관성 없는 태도 등등 수많은 일들은 남명을 실
망 내지 분노케하였다. 그래서 남명은 결국 구암과의
절교를 결심하고, 그의 제자 오건과 정탁에게 자신의
뜻을 알렸다.

5. 아무리 기생과의 약속이라도
   어겨서는 안 된다

남명이 동주東洲 성제원成悌元과 해인사 약속을
장마 속에 지킨 일은 후대 훌륭한 본보기로 이야기
되었는데, 이러한 일은 남명이 어려서부터 남과의 약
속을 철석같이 지켰던 데에서 이미 형성되고 있었음

을 살펴볼 수 있다. 남명은 젊었을 적 7살 연상인 청송과 벗으로 지내며, 기생과 약속도 저버려서는 안 된다고 주장한 일이 좋은 예이다.

남명은 청송聽松 성수침成守琛과 어려서 서로 벗을 하였다. 일찍이 성수침과 기생집에 가서 놀았는데, 기생들과 언제 만날 약속을 하였다. 마침 그날 다른 일이 생겨서 약속을 어길 상황이 되었으나 남명은 아무리 기생이라도 약속을 어기면 안 된다고 하면서 억지로 그 약속을 지켰다. 그래서 뒤에 대인이 되었다.58)

청송 성수침(1493~1564)은 우계牛溪 성혼成渾의 아버지로, 아들도 학자로 이름이 났지만, 청송 자신도 아들 못지않게 훌륭한 학자로 인정을 받은 사람이다. 청송이 비록 자신보다 7살 연장이지만, 남명은 청송과 매우 가깝게 우의를 유지하였던 것으로 보인다. 남명집에 청송에게 보내는 「답성청송서答成聽松書」라는 편지 3통에도 남명의 그러한 마음이 드러나 있다. 후대의 학자들도 두 사람의 이러한 관계에 대해 관심과 언급이 많이 전한다.

성수침이 또한 공과 서로 뜻이 같아 친하였다. 이제신李濟臣이 두 선생께서 서로 허여하고 중히 여기는 뜻을 성혼에게 물으니 혼이 말하기를, "가친이 남명의 단성소丹城疏를 보고는 '예봉이 너무 드러났다' 하고, 말씀하시기를, '오랫동안 건중과 떨어져서 그가 크게 진보하여 이미 혼연일체가 되었으리라 여겼더니, 과연

남명의 인간관계

이 말씨와 같다면 아직도 미진함이 있지 않는가' 하시었다" 하였다.[59)](#)

어우於于 유몽인柳夢寅의 『어우야담於于野談』에 전하는 내용으로 어느 정도 신빙성이 있는지 알 수는 없다. 아무리 젊은 시절의 일이라 해도 남명이 청송과 어울려 기생집에서 놀았다는 것이 약간 의아하다. 더구나 한 번 놀고 또 다른 날 약속까지 하였다는 것은 거의 한량 수준의 일이 아닌가? 아무튼 이 내용은 남명이 기생집에 출입했느냐 아니냐 하는 문제보다도 남명이 어떠한 상황에서도 약속은 반드시 지켜야 한다는 신념을 어렸을 적부터 가지고 있었다는 것이며, 이처럼 남과의 약속을 소중하게 여김으로써 뒤에 훌륭한 인물이 되었다는 것이다.

공은 천성이 개결하여 젊어서 과거 준비를 하였으나 즐기는 바가 아니었다. 하루는 성수침을 백악봉 아래로 찾아갔다가 그 세상일을 끊은 것을 보고 마음에 즐거하여 드디어 고향으로 돌아가 벼슬하지 않고 지리산 아래에 살았다. 방 안에 단정히 앉아서 졸음이 오면 칼을 어루만지며 자지 않았다. 칼 머리에 명銘이 있는데, "안으로 밝은 것은 경敬이요, 밖으로 끊는 것은 의義이다" 하였다. 한가하게 거처하기를 오래하자 깨끗하게 욕심이 없어져 절벽이 우뚝 솟은 기상이 있었으며 주고받는 것을 구차히 않고 허여함이 적으며, 남의 착함을 들으면 좋아하고 남의 악함을 들으면 미워하여 고을 사람의 착하지 않은 자는 자기를 더럽힐 것같이 보므로 고을 사람이 감히 청탁을 하지 못하였다.[60)](#)

제3장 벗과의 관계

위 자료를 통해서 볼 수 있는 바와 같이 남명은 청송을 매우 좋아하였고, 그 까닭은 그가 세상과 인연을 끊고 살아갔기 때문이다. 남명이 청송을 어떻게 생각하였는가는 그가 성운에게 보낸 편지에서 청송이 먼저 죽은 것을 아쉬워하는 대목에도 잘 드러나 있다.

남명의 인간관계

임금 및 권귀와의 관계

지리산에 은거하던 남명이 임금과 어떠한 관계를 맺었던가? 그리고 그 관계를 맺게 된 것은 언제부터인가, 그 결과 어떻게 되었던가?

남명은 18세에 과거를 포기하고, 종국에는 60세에 지리산에 들어가 살기로 하였다. 산천재山天齋에서 지은 두 편의 시에 드러난 내용을 보면, 얼마나 만년의 심지가 굳었던가를 알 수 있다. 이는 아마도 몇 차례의 임금과의 만남 등의 관계 이후에 무망한 현실을 대처하는 방법의 하나가 되었던 것으로 보인다. 지리산 자락에 묻혀 지내기 훨씬 전 중종 35년인 1540년에 조정에서 유일을 천거하라는 명을 내렸다.

상이, 동반東班은 정3품 이상, 서반西班은 2품 이상에게 각각 일사逸士를 천거하라고 명하였다. … 병조 참지參知 이임李霖은 유학 성수침과 조식曺植을 천거하

깊은 산 속에 은거하는 은자의 모습. 조희룡趙熙龍의
「매화서옥梅花書屋」의 부분.

고, 대사성 이언적李彦
迪은 유학 김취성과 조
식을 천거하였다.61)

경상도 관찰사慶尙
道觀察使 이몽량李夢亮이,
초계草溪에 사는 전 전
옥 참봉 이희안李希顔
과 삼가三嘉에 사는 선
비 조식曹植을 천거하
였다.62)

남명의 나이 40
세 때에 병조참지 이
임과 대사성 이언적
두 사람에게 천거되
었으나, 벼슬에 나아
가지는 않았다. 그러다가 12년이 더 지난 1552년(명
종 7)에 경상도 관찰사 이몽량이 초계의 이희안과 삼
가의 조식을 천거하였다.

그래서 조식은 전생서주부와 사도시 주부, 예빈
시 주부라는 벼슬에 잇따라 임명된다. "조사수趙士秀
를 형조 판서로, 신영申瑛을 이조 참판으로, 심통원沈
通源을 호조 참판으로, 왕희걸王希傑을 의정부 사인
으로, 이거李璖를 홍문관 교리로, 김규金虯를 이조 좌
랑으로, 조식曹植을 전생서 주부로 삼았다"63)라는 데
에서 전생서주부에 임명되었음을 확인할 수 있고,

남명의 인간관계

"이명李蓂을 한성부 판윤으로, 심광언沈光彦을 이조 참판으로, 이우민李友閔을 이조 정랑으로, 기대항奇大恒을 사간원 헌납으로, 조식曺植을 사도시 주부로 삼았다"[64]라는 내용에서 사도시 주부로 임명되었음을 확인할 수 있다. 사도시 주부로 임명되었을 때 사신史臣은 조식에 대해 "조식은 사람됨이 맑고 절개가 굳어 예법禮法으로 몸을 단속하고 영욕榮辱·이달利達로써 마음을 움직이지 않으며 조행操行이 뛰어나서 세상에 이름이 났다"[65]라고 평하였다.

그리고 1553년(명종 8)에는 또 민응서閔應瑞를 병조 참판으로, 성세장成世章을 승정원 좌승지로, 남궁침南宮忱을 우승지로, 김여부金汝孚를 이조 정랑吏曹正郞으로, 이언충李彦忠을 홍문관 수찬으로, 신여종申汝悰·윤의중尹毅中을 부수찬으로, 조식曺植을 예빈시 주부에 임명하였다.[66]

같은 해에 또 성제원·성수종成守琮·조식曺植·이희안李希顔·조욱趙昱 등 다섯 사람이 모두 유일遺逸로서 6품 관직을 제수받았으며, 이때 사관은 남명에 대해,[67] "천성이 강개慷慨하고 정직하여 세상 따라 부앙俯仰하려 하지 않았고, 몸을 깨끗하게 가져 속된 사람과 말할 때는 자신을 더럽힐까 두려워하여 뒤도 돌아보지 않고 떠날 뜻이 있었으며 국가에서 누차 초빙하였으나 응하지 아니하였다"[68]고 하였음을 볼 수 있다.

이처럼 비록 높은 벼슬은 아니지만, 수차례에 걸

처 벼슬이 내려지고, 사신의 좋은 평가가 이어졌으나 남명은 이를 모두 거절하였다. 이처럼 남명이 결코 출사할 뜻이 없음을 밝혔음에도 불구하고 같은 해에 남치근南致勤을 전라도 병마절도사로, 조식曺植을 단성 현감丹城縣監으로 삼았다.[69] 그 결과 남명은 이른바 「을사사직소」라고 하는 소를 올려 세상을 놀라게 하였다.

1. 신이 나아가기 어려운 데에는
두 가지 이유가 있습니다

남명의 「을사사직소」 또는 「단성현감사직소」라 불리는 상소문은 임명된 직임을 사양하는 소로 알려져 있다. 이 소는 남명이 새로 단성 현감丹城縣監에 제수되자 상소하여 사임코자 한 것이다. 그는 이 소에서 자신의 문제와 현실의 문제로 나누어 벼슬에 나아가지 못하는 이유를 두 가지 들었다.

신이 나아가기 어렵게 여기는 데는 두 가지 이유가 있습니다.
지금 신의 나이가 60세에 가까웠으나 학술學術이 거칠어 문장文章은 병과丙科의 반열에 뽑히기에도 부족하고 행실은 쇄소灑掃하는 일을 맡기에도 부족합니다. 그리하여 과거를 구한 지 10여 년에 세 번이나 낙방하고 물러났으니 당초부터 과거 공부를 일삼지 않은 것

남명의 인간관계

이 아닙니다. 설사 과거를 탐탁하게 여기지 않았다 하더라도 성질이 조급하고 마음이 좁은 평범한 한 사람에 불과할 뿐이고 크게 일할 수 있는 온전한 인재는 아닌데, 더구나 사람의 선악이 결코 과거를 구하느냐 구하지 않느냐에 달려 있는 것이 아니님에이겠습니까.

미천한 신이 분수에 넘치는 헛된 명성으로 집사執事를 그르쳤고 집사는 헛된 명성을 듣고서 전하를 그르쳤는데, 전하께서는 과연 신을 어떤 사람이라고 여기십니까? 도가 있다고 여기십니까? 문장에 능하다고 여기십니까? 문장에 능한 자가 반드시 도가 있는 것이 아니며 도가 있는 자가 반드시 신과 같지는 않다는 것을 전하께서만 모르신 것이 아니라 재상宰相도 모른 것입니다. 그 사람 됨됨을 알지 못하고 기용하였다가 뒷날에 국가의 수치가 된다면 그 죄가 어찌 미천한 신에게만 있겠습니까. 헛된 이름을 바쳐 몸을 파는 것보다는 곡식을 바쳐 벼슬을 사는 것이 낫지 않겠습니까? 신은 차라리 제 한 몸을 저버릴지언정 차마 전하를 저버리지 못하겠으니 이것이 나아가기 어려워하는 첫째 이유입니다.

『남명집』의 「을묘사직소乙卯辭職疏」

전하의 국사國事가 이미 잘못되고 나라의 근본이 이미 망하여 천의天意가 이미 떠나갔고 인심도 이미 떠났습니다. 비유하자면 마치 1백 년 된 큰 나무에 벌레가 속을 갉아먹어 진액이 다 말랐는데 회오리 바람과 사나운 비가 언제 닥쳐올지를 전혀 모르는 것과 같이 된 지가 이미 오래입니다. 조정에 있는 사람 중에 충의忠義로운 선비와 근면한 양신良臣이 없는 것은 아니나, 그 형세가 이미 극도에 달하여 미칠 수 없으므로 사방을 돌아보아도 손을 쓸 곳이 없음을 이미 알고 있습니다. 소관小官은 아래에서 시시덕거리면서 주색酒色이나 즐기고, 대관大官은 위에서 어물거리면서 오직 재물만을 불립니다. 백성들의 고통은 아랑곳 하지 않으며, 내신內臣은 후원하는 세력을 심어서 용龍을 못에 끌어들이듯이 하고, 외신外臣은 백성의 재물을 긁어들여 이리가 들판에서 날뛰듯이 하면서도, 가죽이 다 해지면 털도 붙어 있을 데가 없다는 것을 알지 못합니다. 신은 이 때문에 깊이 생각하고 길게 탄식하며 낮에 하늘을 우러러본 것이 한두 번이 아니며, 한탄하고 아픈 마음을 억누르며 밤에 멍하니 천정을 쳐다본 지가 오래되었습니다.

자전慈殿께서는 생각이 깊으시지만 깊숙한 궁중의 한 과부寡婦에 지나지 않으시고, 전하께서는 어리시어 단지 선왕先王의 한낱 외로운 후사後嗣에 지나지 않습니다. 그러니 천백千百 가지의 천재天災와 억만億萬 갈래의 인심人心을 무엇으로 감당해 내며 무엇으로 수습하겠습니까? 냇물이 마르고 곡식이 내렸으니[雨粟] 그 조짐이 어떠합니까? 음악 소리가 슬프고 흰옷을 즐겨 입으니 소리와 형상에 조짐이 벌써 나타났습니다. 이러한 시기를 당해서는 비록 주공周公·소공召公과 같은 재주를 겸한 자가 정승의 자리에 있다 하더라도 어떻게 하지 못할 것인데 더구나 초개같은 한 미신微臣의

남명의 인간관계

재질로 어찌하겠습니까? 위로는 위태로움을 만에 하
나도 지탱하지 못할 것이고, 아래로는 백성을 털끝만
큼도 보호하지 못할 것이니 전하의 신하가 되기가 어
렵지 않겠습니까? 변변찮은 명성을 팔아 전하의 관작
을 사고 녹을 먹으면서 맡은 일을 하지 못하는 것은
또한 신이 원하는 바가 아닙니다. 이것이 나아가기 어
려워하는 둘째 이유입니다.

사직소는 대개 직무를 수행하다가 계속 소임을
할 수 없을 때 하는 경우도 있고, 남명의 이 경우처럼
임명되자마자 그것을 사양하는 소도 있다. 남명처럼
임직에 나아갈 수 없는 경우는 대개 자신이 벼슬에
나아가지 못하는 까닭을 조심스럽게 개진하는 것이
상례이다. 그런데 남명의 소는 사직소의 일반적인 내
용과는 달리 그 내용이 과격하여 큰 논란을 불러 일
으켰던 것이다.

남명의 소에 사신史臣이 주석을 단 내용을 보면,
"소관小官은 아래에서 시시덕거리면서 주색酒色이나
즐기고, 대관大官은 위에서 어물거리면서 오직 재물
만을 불립니다"라고 한 대목에 대해 "이 말은 당시의
병통을 바로 지적한 것이다. 오늘날 공도公道는 쓸어
버린 듯이 없어졌고 사문私門이 크게 열려, 때지어
쫓아다니는 자는 공사公事를 받들 생각은 하지 않고
오직 자신의 이익만을 일삼으면서 아무 것도 하는
일없이 세월을 보내며 나랏일이 어떻게 되가는지를
모르니, 통탄스럽다. 조식曺植은 초야草野의 일사逸士

제4장 임금 및 권귀와의 관계

로서 한때의 고명高名이 있었는데, 비록 부름을 받
고 나아간다 하더라도 어찌 해 볼 수가 없음을 스스
로 알았다. 이 때문에 소疏를 올려 진언進言하면서
당시의 폐단을 절실하게 비판하였으니, 또한 강직하
지 않은가"라고 하였다.

그리고 "백성들의 고통은 아랑곳 하지 않으며, 내
신內臣은 후원하는 세력을 심어서 용龍을 못에 끌어
들이듯이 하고"라고 하는 구절에 대해서도, "이것은
이리와 승냥이 같은 무리가 정권을 잡고 있다는 뜻인데, 그 말의 뜻이 은미하고도 심장하다"고 사신이 평을 한 것을 볼 수 있다.

남명의 이 소를 단순히 사직소라는 측면에서 이해하고 넘어갈 수 없는 까닭이 여기에 있다. 다음에서는 남명이 이 소를 짓게 된 동기와 배경에 대해서 자세히 살펴보고자

야은冶隱 길재吉再가 금오산金烏山으로 향하는 모습

남명의 인간관계

한다. 동기와 배경이 상세히 밝혀져야 이 소의 내용과 이 소에 대해 논란이 많았던 까닭도 이해가 될 수 있기 때문이다.

2. 어찌 현명한 사람이라고 할 수 있겠는가

상소가 들어가고 난 뒤에 임금은 어떠한 반응을 보였던가? 임금은 바로 정원에 전교하기를, "지금 조식의 상소를 보니, 비록 간절하고 강직한 듯하기는 하나 자전에 대해 공손하지 못한 말이 있으니, 군신君臣의 의리를 모르는 듯하여 매우 한심스럽다. 정원에서는 이와 같은 소를 보았으면 신자臣子의 마음에 마땅히 통분하며 처벌을 주청했어야 할 것인데 평안한 마음으로 펼쳐 보고 한 마디도 그것을 아뢰지 않았으니, 더욱 한심스럽다. 이런 사람을 군신의 명분을 안다고 하여 천거했는가? 임금이 아무리 어질지 못하더라도 신자로서 어찌 차마 욕설을 하는가? 이것이 현인 군자가 임금을 사랑하고 윗사람을 공경하는 일이겠는가? 곡식을 바치게 하고 벼슬에 보임補任하는 것은 비록 아름다운 일은 아니라 하더라도 옛날에도 있었으니, 그것은 반드시 백성의 생명을 소중하게 여긴 것이다. 요즈음 고매한 명성만 숭상하는데, 백만百萬의 생령生靈이 모두 굶어 죽더라도 앉아

제4장 임금 및 권귀와의 관계

서 보기만 하고 구원하지 않아야 하겠는가?"라고 강한 불만을 터뜨렸다.

그리고 또 전교하기를, "소疏의 내용 중에 '자전께서 생각이 깊으시나 깊숙한 궁중의 한 과부寡婦에 지나지 않는다'고 하였는데, 이것은 공손하지 못한 말이며 '전하의 신하 되기가 또한 어렵지 않겠는가' 하였는데, 이것도 공손하지 못한 말이다. 그리고 '음악 소리는 슬프고 흰옷을 입기를 즐기니 소리와 형상에 조짐이 벌써 나타났다'고 하였는데, 이것이 바로 불길한 말이다"라고 하였다.

소에서 문제가 되는 것이 자전을 과부라 한 것, 전하의 신하 되기 어렵다 한 것, 소리와 형상에 조짐이 벌써 나타났다고 한 것 세 가지를 들어 공손하지 못하며, 불길한 말을 하였다고 언짢아하였다. 특히 자전을 과부라 한 것이 큰 문제가 될 소지가 있는 말이었는데, 당시의 좌상으로 있던 상진尙震이 남명의 제자로 벼슬길에 나아가 있던 이제신李濟臣에게 구양수歐陽修가 했던 말을 찾아내어 이전에 이미 이러한 말이 있었음을 밝혀내어 화를 면하게 되었다고 한다.

임자년(1552)에 두 번째 단성 현감丹城縣監으로 부르니, 이때는 권간權奸 윤원형尹元衡이 나라 일을 맡아서 문정왕후를 그릇 인도하여 사림이 기운을 잃었을 때라, 비록 공론이라 칭탁하고 유일을 천거하였으나

남명의 인간관계

다만 허식이므로 공이 벼슬에 뜻이 없어 상소하여 사
직하고 겸하여 시국의 폐단을 아뢰기를, "정숙하신 대
비께서는 다만 깊은 궁중의 한 과부일 뿐이며, 어린 전
하께서는 선왕의 외로운 아들에 지나지 않으시니, 백
천 가지 재변과 억만의 인심을 어떻게 감당할 것입니
까" 하고, 또, 아뢰기를, "음악이 슬프고 옷이 희니, 망
할 징조가 이미 나타났습니다" 하니, 임금이 기뻐하지
않으면서 대비에게 욕이 미쳤다 하였다. 이때에 상진
尙震이 좌상이었는데, 이제신李濟臣을 시켜『송사宋史』
「영종기英宗紀」를 빼내어 구양수歐陽脩가 말한, 자전은
깊은 궁궐의 한 부인이라는 말을 내놓고 변명하기를,
"조식이, 옛사람이 임금에게 고한 말을 인용하여 국가
의 위태로운 형세를 지극히 말한 것이요, 거만한 말이
아닙니다" 하였다. 임금 또한 일사로 대우하여 결국
죄를 주지 않았다.70)

이 내용은 『연려실기술燃藜室記述』에 실려 있는 것
인데, 이긍익李肯翊은 이것의 출처를 『석담일기石潭日
記』와 『후청쇄어鯸鯖瑣語』 두 가지를 밝히고 있다. 『석
담일기』는 율곡의 저작이고, 『후청쇄어』는 청강淸江
이제신李濟臣의 저작으로, 당시 학자들이 남명의 말
을 매우 위태롭게 생각하였고, 상진尙震이 이제신에
게 구양수歐陽修가 한 말을 찾아내도록 하여 화를 면
했다는 것에 초점이 맞추어 기술하였다. 즉 많은 사
람이 남명의 말을 위태롭게 생각하였던 저변에는, 임
금의 불만을 어느 정도 인정하는 분위기라 이해할
수도 있겠다.
　그러나 임금의 이러한 태도에 대한 사신들의 논

제4장 임금 및 권귀와의 관계

의는 매우 냉담하다. 남명의 소가 올라오고 난 뒤의 조야의 여러 사람들의 반응 가운데에서도 사신들의 반응은 한결같이 왕에게 조금 부적절한 표현이 있었다고 해도 이것을 빌미로 처벌을 하면 언로가 막혀 나라를 유지하기가 힘들다고 하였다.

조식의 소疏에 답하지 않았을 뿐만 아니라, 도리어 엄중한 말을 내려 정원이 처벌할 것을 주청하지 않았음을 책망하였으니, 언로言路가 막히게 된 것이 이로부터 더욱 심해졌고 성덕盛德에 누累가 됨이 이로 말미암아 더욱 커졌다. 온 나라의 선비들이 상이 무엇을 좋아하고 무엇을 싫어하는지를 알아서 장차 아첨하며 윗사람의 명령을 그대로 따르기만 하게 될 것이니, 뒷날에 비록 위망危亡의 화가 있더라도 누가 기꺼이 그것을 말하려 하겠는가? 임금의 말이 한 번 나오면 사방에 전해지는데 관계된 것이 어찌 중대하지 않겠는가. 그런데 전교가 이와 같으니 이는 바로 온 나라 사람들의 입을 막아서 감히 말을 못하도록 한 것이다. 애석하다.71)

조식은 오늘날 유일遺逸 중에서 가장 어진 사람이다. 재능이 뛰어나고 행실이 깨끗하며, 또 학식도 있다. 초야에서 가난하게 살았으나 영리榮利를 생각하지 않았고, 여러 차례 불렀지만 나오지 않고 그 뜻을 고상하게 하였다. 비록 수령으로 임명되는 영광에 부임하지는 않았으나, 오히려 나라를 근심하는 마음을 가지고 곧은 말로 소疏를 올려 당시의 폐단을 바로 지적하였으니, 이 어찌 군신君臣의 의리를 모르는 사람이겠는가. '자전은 깊숙한 궁중의 한 과부이다'라고 한 말은, 조식이 새로 지어낸 것이 아니고 선현先賢의 말을 인

남명의 인간관계

용하여 글을 지은 것이니, 이것이 어찌 공손하지 못한 말이겠는가. 포상하여 장려하지는 않고 견책譴責하기를 매우 엄중히 하였는데, 이것은 보필하고 인도하는 사람 중에 적합한 자가 없어 학문이 넓지 못해서 그렇게 된 것이다. 정승의 직임에 있는 자도 잘못을 바로잡아 그것을 해결하지 못하여 조식과 같이 현명한 사람이 등용되지 못하고 초야에 버려졌다. 진언進言하는 길이 막히고 현인賢人을 불러들이는 일이 폐기되었으며 다스리는 도道가 없어졌으니, 세도世道가 야박해진 것이 어찌 괴이하겠는가.72)

임금은 이러한 사신史臣들의 논의를 듣고는 더욱 화가 났다. 그래서 "내가 계교와 사려가 얕고 학식이 본래 없기 때문에 사리事理를 모른다. 그러나 군신 상하의 분수는 신자가 당연히 알아야 할 것이다. 아무리 유일遺逸의 선비라 하더라도 그 의리를 알지 못할 것 같으면 어찌 현명한 사람이라고 할 수 있겠는가. 그 말이 공손하지 못한 데에 관계된다면 신자가 마땅히 처벌을 주청해야 할 것이다. 그렇게 하지 않으면 조정에서도 군상을 공경하지 않는 조짐이 싹틀 것이다. 만약 그 소疏의 내용을 옳다고 한다면 이것도 올바르지 못한 의논이다. 그러나 조식을 일사逸士로 여기기 때문에 너그러이 용납하고 죄를 다스리지는 않는다"고 한 발 물러서기는 하였으나, 마음은 편하지 못하여 이 때 사신의 기록에 의하면 "이 때에 상이 대단히 노여워했기 때문에 안색이 온화하지 않았고 음성도 고르지 않았다"고 하였다.

제4장 임금 및 권귀와의 관계

3. 어찌 상하의 분수를 모른다고 할 수 있는가

남명의 사직소에 대해 강력하게 대처하려던 임금이 사신과 언관言官들의 강한 반발에 부딪혀 한 발 물러서기는 하였으나, 불편한 기색이 역력한 것을 보고 사신은 또 이렇게 논하였다.

조식의 소를 옳다고 하는 것은, 진실로 이것이 올바른 논의이며 임금을 과실이 없는 곳으로 인도하려고 한 것이니 이것은 공경恭敬 중에서도 큰 것이다. 대저 조식의 말이 자전에 관계된 것은, 다만 예와 지금의 마땅함이 다르다는 것을 몰랐기 때문이다. 어찌 상하의 분수를 모르고 공손하지 못한 마음을 두었겠는가. 이것으로 그를 책망하여 치란 흥망이 이로 말미암아 나누어지게 되었으니 어찌 애석하지 않은가. 말로 심하게 책망하였는데, 이것은 처벌을 하는 것보다 더 심한 것이다. 이것을 너그러이 용납하였다고 말할 수 있겠는가.73)

임금이 이 문제에 대해 불쾌해 하고 전교를 내리자 조신들의 반응은 두 가지 나뉘었다. 하나는 이 상소의 내용을 충분히 살펴 미리 처리하고 임금에게 주달되지 않도록 하여야 했음에도 불구하고 그렇게 하지 못한 것에 대해 사죄하는 것이었다. 주로 승지 그

남명의 인간관계

룹을 중심으로 이러한 반응이 나타났다. 승지 백인영
白仁英·신희복愼希復·윤옥尹玉·박영준朴永俊·심수경
沈守慶·오상吳祥 등은 다음과 같이 아뢰었다.

　　신들이 조식의 소疏를 보고 또한 미안스러운 사연
이 있는 것을 알았지만, 그 도道의 감사監司가 이미 접
수하여 올려보냈기에 정원에서는 어쩔 수 없이 입계入
啓하였습니다. 다만 입계할 때에 미안스럽다는 뜻을
아울러 진달했어야 하는데, 신들이 망령되게 헤아리기
를, 이는 바로 초야草野사람이어서 글을 짓는 즈음에
공손하지 못한 데에 관계된다는 것을 깨닫지 못한 것
이니, 이와 같이 광망狂妄된 말은 진실로 따질 것이 못
된다고 여겼기 때문에 아뢰지 않았습니다. 지금 전교
를 받고 황공함을 견디지 못하여 대죄待罪합니다.74)

　　승지들의 이같은 책임론에 대해서도 사신들은 매
우 비판적이었다. 승지들이 "도道의 감사監司가 이미
접수하여 올려보냈기에 정원에서는 어쩔 수 없이 입
계入啓하였습니다"고 하며, 책임을 감사에게 돌리는
기색이 있자 사신은 이에 대해 강력히 비판하고 남
명의 소에 있는 말을 '광망된 말'이라 한 것에 대해
"조식의 말을 정말 광망되다고 말할 수 있겠는가. 이
것은 윗사람의 명을 그대로 따르기만 하는 죄를 면
하지 못할 것이다"라고 따져 물었다.
　　승지들의 이같은 말을 듣고 임금은 전교하기를,
"대죄하지 말라. 감사가 그것을 보았을 것 같으면 미

제4장 임금 및 권귀와의 관계

안스럽다는 뜻을 당연히 사유를 갖추어 치계했어야 할 것이고, 비록 치계하지는 않더라도 잘못을 바로잡아 책망하며 물리쳤어야 옳을 것이다. 감사부터 크게 신자臣子의 체모를 상실하였다"75)라고 하였다. 이에 대해 사신은 다음과 같이 강력하게 승지들을 비판하였다.

> 대개 상소의 내용이 격절하고 강직한 것을 감사가 잘못되었다고 바로잡아 책망하여 물리친다면, 이것은 사람들로 하여금 군상君上의 과실을 감히 말하지 못하게 하여 마침내는 임금의 총명을 가리우는 화禍가 있을 것이다. 대저 인신人臣이 임금을 섬김에 있어 그 영令을 따르지 않고 그 뜻을 따르는데, 더구나 정령政令에 반포하여 그것을 따르게 하는 데이겠는가. 크게 신자의 체모를 상실했다고 책망하였으니 상의 뜻하는 바를 누가 감히 어기겠는가. 아, 이것은 성덕에 큰 누가 될 뿐만 아니라 실로 치란治亂과 흥망興亡에 관계되는 것이니 어찌 길게 탄식하지 않을 수 있겠는가.76)

승지 그룹이 임금의 불편한 마음을 헤아리고 임금의 뜻을 거들어 주려고 하였던 것에 비하여 언관들의 입장은 이와 달리 조식을 옹호하고 임금의 태도와 처신을 강력하게 비판하는 것이었다. 정언 이헌국李憲國은 다음과 같이 아뢰었다.

> 상께서, 자전慈殿은 생각이 깊으나 깊숙한 궁중의 한 과부寡婦에 지나지 않는다는 말이 공손치 못한 말

남명의 인간관계

이라고 여기시는데, 옛날 구양수歐陽修가 황태후를 한 사람의 부인婦人이라고 하였지만 태후는 그를 처벌하지 않았습니다. 그리고 조식은 시사時事가 날로 글러지는 것을 보고 주상이 위에서 고립되어 백성의 실정을 들을 수 없을까 두려워하였던 것입니다. 그러므로 그는 벼슬을 하더라도 어떻게 할 수가 없을 것이라고 생각하고서 '전하의 신하가 되기가 어렵지 않겠는가'라고 쓴 것인데, 이것은 전하를 업신여긴 것이 아닙니다. 이와 같은 말에 대해 항상 두려워하는 마음을 더하신다면 그것도 국가의

주운朱雲이 간언할 때 옆에 있는 신하가 끌어내려하자 난간을 붙들고 놓지 않아 난간이 부서졌다는 고사를 그린 것

복입니다. 조정에 가득한 신하로서 누가 국가의 은혜를 입지 않았겠습니까? 국가의 은혜 속에서 살아가고 국가의 은혜 속에서 죽는데도 오히려 기꺼이 말을 다하려 하지 않습니다. 조식은 초야의 일개 선비로서 비록 목숨을 잃게 되더라도 후회하지 않을 각오로 이와 같은 말을 하였는데, 전교에 그 공손치 못한 죄를 심하

제4장 임금 및 권귀와의 관계

게 책망하셨습니다.

　정원은 후설喉舌의 지위에 있으니, 출납出納을 합당하게 해야 되며 전지傳旨를 공손히 받드는 일만을 직분으로 삼아서는 안 됩니다. 전교를 받은 뒤에도 가납嘉納하는 것이 옳다는 뜻을 당연히 아뢰었어야 하는데, 허물을 감사에게 돌렸습니다. 앞으로는 감사가 틀림없이 상소를 받지 않아 아랫사람의 실정이 전달되지 않을 것이니, 이는 정원에서 막았기 때문입니다. 말 한 마디가 나라를 일으킬 수도 있고 나라를 잃게 할 수도 있는데, 종사宗社가 흥하고 망하는 것이 여기에 달려 있습니다. 정원이 한 번 잘못하여서 그것이 사책史冊에 기록되어 후세에 불미不美스러운 것이 전해지게 되었으니 그 임무를 살피지 못하였다고 할 만합니다.77)

이헌국은 여기에서 임금과 임금의 편을 드는 정원에 대해 아울러 이야기하였다. 임금이 남명의 소를 어떻게 받아들여야 하는가 하는 문제와 정원의 임무와 역할에 대한 질책이다. 그는 남명의 상소 내용 가운데 임금이 불쾌하게 생각한 두 가지 점에 대해 결코 임금을 업신여기거나 임금에 대해 불공한 것이 아님을 역설하고, 정원에서도 임금의 비위나 맞추는 것을 직분으로 여겨서는 안 된다고 하였다.

이헌국의 이러한 상소에 대해 사신은 "이헌국의 말은 간절하고 강직하다. 정원의 과실을 깊이 책망하였으니 마땅하다고 이를 만하다"78)고 찬동하였다. 또 홍문관 전한 정종영 등이 "옛날의 신자臣子는 임

남명의 인간관계

금의 뜻을 거슬려가며 극력히 간하였고 지척指斥하
여 말하기를 꺼리지 않았으며, 소매를 잡아당기거나
머리를 부수면서까지 간하였었습니다. 그런데 더구
나 초야의 서생書生이 조종의 체모體貌를 알지 못하
여 비록 지나친 말을 하였다 하더라도, 어떻게 공손
치 못하고 공경치 않다는 책망을 하여 간하는 것을
거절하는 뜻을 보일 수 있겠습니까. 신하로서 할 일
을 다하는 것은 모두가 임금을 위하는 정성된 마음
에서 나오는 것으로 자신은 그 말을 지나치게 격궐
하다는 것을 모릅니다. 그러니 그 내용이 비록 맞지
않더라도 그 뜻은 진실로 가상하게 여겨야 하는 것
입니다"79)라는 차자를 올려, 임금의 잘못을 지적한
상소가 임금을 위하여 올린 것이므로, 임금은 이를
가상히 여길지언정 책망을 해서는 안 된다는 것이다.

이에 대하여 임금은 "임금이 강직한 기개를 배양
하는 것이 아무리 당연하다 하더라도 조식의 소疏는
다른 사람들의 지나친 견해와는 틀리다. 신자로서는
공손치 못한 말을 발설하는 것이 부당한데도 상하의
분수를 생각하지 않고 감히 자전에게 관계되는 공경
치 못한 내용을 아뢰었으니, 내가 자식이 되어 어떻
게 마음에 편안하게 여기면서 책망하지 않을 수 있
겠는가. 언로言路를 소중하게 여기기 때문에 너그럽
게 받아들이고 추문하지 않는 것이다. 신자된 자는
공경치 못한 말을 한 것을 보면 당연히 놀라워해야

제4장 임금 및 권귀와의 관계

할 터인데 도리어 나를 그르다고 한다. 신자의 마음이 이와 같으니 천변이 일어나는 것도 괴이할 것이 없으며 매우 한심스럽다. 만약 언로를 여는 것을 소중하게 여겨 윗사람을 업신여기는 풍조가 생겨나게 한다면 아마도 뒷날의 폐단이 없지는 않을 듯하다"[80)] 라고 하였다. 임금도 조금도 변화를 보이지 않고, 똑같은 말을 되풀이 하고 있다. 그러자 임금이 조계朝啓를 청리聽理하는 자리에서도 정종영鄭宗榮은 시강관의 자격으로 다음과 같이 아뢰었다.

> 상께서 조식의 소를 보시고 전교를 하셨습니다. 신들은 그 소를 보지 못하여 그 말이 어떤가를 모르겠으나, 참으로 말이 자전慈殿께 미쳤다면 죄를 다스려도 될 것입니다. 다만, 이 사람은 유일遺逸의 선비로 성품이 거칠고 예모禮貌를 몰라서 그런 것입니다. … 조식과 이희안은 똑같은 사람입니다. 이미 이희안을 잡아다 추문하려 하시고 또 조식의 소를 책망하셨습니다. 외방의 사람들은 그 소의 내용이 공손치 못한 때문이라는 것을 모르고, 상께서 선비를 대우하는 도리가 옛날의 제왕과 같지 않다고 여길 것입니다. 그렇게 되면, 선비의 기개가 꺾여집니다.[81)]

정종영은 또 아뢰기를 "조식의 소가 이와 같은 것은 국가의 복福입니다"[82)]라고 한 바 있다. 조신들의 논의가 이렇게 뜨거웠을 뿐만 아니라, 재야의 선비들도 이 문제에 대해 연명으로 상소를 하였다.

성균관 생원 안사준安士俊 등 5백여 명이 상소하

남명의 인간관계

기를, "신들이 삼가 조식曺植의 상소를 보건대, 강직
하고도 절실한 의론議論으로 정녕 나라를 걱정한 성
심에서 나온 것이요, 시폐時弊에 적중한 말이었습니
다. 전하께서 살펴 받아들여 행하셨다면 지금의 재변
을 없애는 방법이 반드시 여기에서부터 근본이 되었
을 것인데, 전하께서는 단호히 그의 말을 거절하여
남의 말을 꺼리는 빛을 크게 보이셨으므로, 인심이
감복하지 않고 언로가 막히어 사림士林의 기대가 무
너진 것입니다"83)라고 하였다. 사신들이나 언관들이
말하는 내용과 대동소이함을 볼 수 있다.

　이처럼 조야의 반론이 뜨거워지자 임금은 "내가
부덕한 몸으로 외람되이 신민의 주인으로 있으면서
잘못하는 점이 많았다. 재변이 겹쳐 우려됨이 끝이
없으니 상하가 절실히 자책할 뿐이다. 지금 상하가
가부를 논하고 있으니 입을 다물고 말하지 않는 폐
단이 없도록 하라. 양종兩宗은 지금 신설한 것이 아
니며, 여러 산의 사찰에 특별히 공불供佛하는 일이
있는지는 모르겠다. 원자元子를 보양하는 일은 신하
들만이 걱정하고 나는 걱정하지 않을 리가 있겠는
가? 환관을 쓴 것은 위에서 그 현부賢否를 가려 임용
한 것이니, 제생諸生들이 논할 바가 아니다. 조식은
군신의 분수를 모르기 때문에 단지 나의 의견을 말
했을 뿐이다"84)라고 강경한 자세에서 후퇴하였다.

　임금의 이러한 대답을 듣고 사신은 또 "이때 대

제4장 임금 및 권귀와의 관계

비大妃는 부처를 숭상하고 원형元衡은 부처에 아첨하
고 있었으니, 주상이 비록 영명한 자질을 지녔다 하
더라도 어떻게 공불한다는 비방을 면할 수 있었겠는
가? 원형은 또 '중종조는 난을 겪은 뒤에 추대된 임
금이어서 아래에서 하는 말을 두렵게 여겨 쉬이 따
랐으나, 지금은 중종조 때와 상황이 다르다'는 등등
의 말을 가지고 침윤浸潤의 참소를 하여 언로가 날로
막히어 나라가 위태로워졌으니, 한스럽기 그지없는
일이다"85)라고 하였다.

경상도 산음山陰에 사는 유생儒生 배익겸裵益謙이
상소上疏하였는데, 그 가운데, "일사逸士는 숨어 살면
서 남이 알까 걱정하지만 그 청절淸節은 충분히 세상
에 모범이 되며 풍속을 가다듬게 합니다. 오늘날의
성수침成守琛과 조식曹植이 그러한 사람들입니다. 지
금 위에 탕湯 임금과 문왕文王 같은 군주가 있다면
어찌 자기 한 몸만 깨끗하게 살려고 하면서, 함께 착
하게 살기 바라는 마음이 없겠습니까? 그런데 한 사
람은 그 뜻을 고상하게 가져 나오지 않고, 한 사람은
초빙에 응하여 잠깐 벼슬하다 집으로 돌아가 버렸습
니다. 지금 만약 폐백을 갖추어 맞이해 곁에 두신다면
어찌 성학의 성취에 도움이 없겠습니까"라 하였다.

왕은 이에 대해 전교하기를, "네가 시골 서생으로
나라를 위하여 폐단을 진술해 올렸으니 참으로 가상
하다. 다만 조광조의 일은 반드시 잘 알지 못하고 아

남명의 인간관계

울러 논한 것이리라"[86] 하였다. 이어 정원에 전교하기를, "조광조의 일은 중종께서 이미 다스린 것이다. 후세에 어찌 다른 의논이 있겠느냐. 『소학』을 인해서 논의한 것이기는 하더라도 이는 부당한 의논이다"[87]라고 말하여 조식에 대해서는 언급을 회피하였고, 이에 대해 세 번에 걸쳐 평한 사신의 논평에서도 이제는 조식에 대한 언급은 보이지 않는다. 이렇게 해서 4년간 지속되었던 남명의 「을묘사직소」에 대한 논란은 막을 내렸다.

4. 오히려 임금을 잊어버리지 않았다

이중열李仲說이 쓴 『을사전문록乙巳傳聞錄』에 의하면 유헌游軒 정황丁璜이 적소에서 14년 동안 귀양살이를 하였는데, 그가 시국의 폐해를 조목조목 열거한 글을 남명이 가서 보고 만류하였으므로 올리지 않았다고 한다.[88] 자신은 정작 4년간이나 조야를 뒤흔든 소를 올렸으면서도 다른 사람이 시국의 폐해를 지적한 글은 올리지 못하게 적극 만류하였던 것이다. 유헌에게 소를 올리지 못하게 한 것은 정확한 원인은 알 수 없으나, 그만한 이유가 있었을 것이라 생각된다. 아마도 남명은 자신이 소를 올리고 난 뒤의 여러 가지 실망스런 일 때문이었을 것이다. 예컨대, 남

제4장 임금 및 권귀와의 관계

명의 상소가 올라갔을 때 사신을 제외하고는 조정의
중신들이나 재야의 학자들도 이것을 이해하지 못하
였음을 알 수 있다.

> 이황李滉이 공의 상소를 보고 사람에게 말하기를,
> "무릇 상소는 직언을 하여 회피하지 않음을 귀하게 여
> 기나, 모름지기 곡진하고 부드럽게하여 뜻은 곧으면서
> 말은 순하게 하여 과격하고 불공한 병통이 없도록 해
> 야한다. 그런 뒤에야 아래로 신하의 예를 잃지 않고 위
> 로 임금의 뜻을 거스르지 않는 것이니, 남명의 상소는
> 참으로 금세에 얻기 어려운 바이나 말이 지나쳐서 비
> 방하는 데 가까우니. 마땅히 임금께서 보시고 노하겠
> 다" 하였다.[89]

이긍익이 『연려실기술』에서 『퇴도언행록退陶言行
錄』의 내용을 인용한 것이다. 퇴계의 이 말은 남명의
상소에 대하 임금이 평한 것 말고는 가장 비판적으
로 쓴 글이다. 당시를 대표하는 학자이며 남명에 대
해 잘 알았던 퇴계의 평이 이와 같을진대 당시 다른
학자들의 견해가 어떠했을까 짐작하고도 남음이 있
다. 이러한 상황에서 정치의 잘못을 지적한다는 것은
쓸데없는 일이고, 위험천만한 일이다. 따라서 지금은
귀양 중이지만, 앞길이 창창한 후배에게 이러한 짐을
지지 말도록 말린 것이라 하겠다. 윤국형尹國馨은 『문
소만록聞韶漫錄』에서 남명의 상소사에 대해 다음과
같이 말한 바 있다.

남명의 인간관계

　　내가 젊었을 때 남명의 상소를 보니, 말하기를,
"자전은 생각이 깊으시나 깊은 궁중에 있는 한 과부에
지나지 않고, 전하께서는 어리시어 선왕의 한 외로운
아드님에 지나지 않습니다"라고 하여 말이 너무 준절
했다. 지금 와서 생각하면, 신하가 임금에게 진언하는
데는 마땅히 충성과 공경만을 다해야 할 뿐이요, 이같
이 규각을 나타내서는 안 될 일이다. 이 때 권간들이
조정에 있었으나, 처사가 큰 소리 치는 것이라 해서,
감히 죄 주지 못했다 한다. 퇴계나 회재의 상소 중에
일찍이 이른 글귀들이 있었던가?[90]

　　남명의 소가 신하가 임금에게 진언하는 말의 상
규에서 벗어났다고 했다. 임금에게는 충성과 공경스
러운 마음을 가져야 할 뿐이지, 이처럼 규각을 드러
내서는 안 된다고 했다. 그리고 퇴계와 회재에게는
이러한 글귀가 없다고 했다.

　　『퇴도언행록』의 내용에 화답이라도 하듯 퇴계의
견해와 거의 대동소이함을 볼 수 있다. 그러나 임금
가까이에서 임금의 모습과 상소의 내용을 가장 정확
히 객관적으로 볼 수 있는 사신들의 견해는 이것과
상당히 차이가 있음을 볼 수 있다. 남명이 임금에게
직언을 아끼지 않은 것은 불공도 아니고 비판도 아
니었다고 했다. 임금을 사랑하고 백성을 아끼는 마음
에서 나온 것이라는 주장이다. 남명의 이러한 마음을
오직 사신들만이 알아주었다.

제4장 임금 및 권귀와의 관계

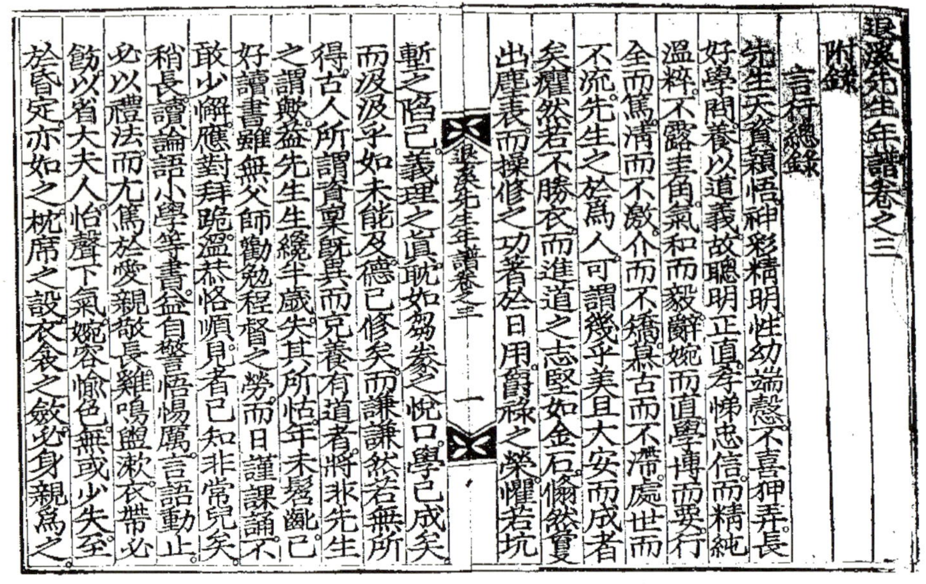

言行總錄（附錄）　退溪先生年譜卷之三

先生天資穎悟神彩精明性幼端愨不喜狎弄長
好學問養以道義故聰明正直孝悌忠信而精純
溫粹不露圭角氣和而毅辭婉而直學博而要行
全而篤清而不激介而不矯慕古而不滯處世而
不流先生之爲人可謂幾乎美且大安而成者
矣躍然若不勝衣而進道之志堅如金石愉然復
出塵表而操修之功著於日用爵祿之榮懼若坑

退溪先生年譜卷之一　一

斬之陷己義理之眞就如芻豢之悅口學已成矣
而汲汲乎如未能及德已修矣而謙然若無所
得古人所謂窠薾其而克養有道者將非先生
之謂歟益先生繞半歲失其所怙年未髫齓已
好讀書雖無父師勸勉程督之勞而日謹課誦不
敢少懈應對拜跪盥恭恪順見者已知非常兒矣
稍長讀論語小學等書益自警悟惕厲言語動止
必以禮法而尤篤於愛親敬長雞鳴盥漱衣帶必
飭以省大夫人怡聲下氣婉容愉色無或少失至
於昏定亦如之枕席之設衣衾之斂必身親爲之

『퇴계집』의 「퇴도언행록退陶言行祿」

조식은 일사逸士로 시골에 있었다. 비록 작록爵祿 보기를 뜬 구름 같이 여겼지만, 오히려 임금은 잊어버리지 않았다. 정성스럽게 나라를 근심하는 마음이 언사言辭에 드러났고 간절하고 강직하여 회피하지 않았으니, 명성을 거짓으로 얻은 자가 아니라고 말할 만하다. 어진 사람이다.

세도世道가 쇠미해져서 염치廉恥가 모두 상실되고 기절氣節이 쓸어버린 듯하여, 유일遺逸이란 이름을 칭탁하고 공명功名을 낚는 자가 참으로 많은데, 어질도다. 조식이여! 몸가짐을 조심스럽고 조촐하게 하며 초야草野에서 빛을 감추었지만 난초와 같은 향기는 저절로 알려지고 명망은 조정에 아뢰어져서, 이미 참봉參奉에 차임差任되고 또 주부主簿에 임명된 것이 두 번

남명의 인간관계

세 번에 이르렀지만 이미 모두 머리를 저으며 거절하
였다. 지금 이 수령의 직임을 내려준 것은 영광스럽다
고 할만하다. 이처럼 특별히 벼슬에 임명한 은혜는 유
례가 드물다고 이를 만한데도, 가난한 것을 편안히 여
기고 스스로 도道를 즐기면서 끝까지 나아가려고 하
지 않았으니, 그 뜻을 높이 살 만하다. 그러면서도 세
상의 일을 잊어버리는 데 과감하지 못하여 소疏를 올
려 의義를 지키며 당시의 폐단을 극력 논하였는데 사
연이 간절하고 의리가 강직하였으며, 시대를 걱정하
고 변란을 근심하여 우리 임금을 덕을 밝히고 백성을
새롭게 하는 곳으로 인도하려고 하였으며, 풍속과 교
화가 왕도王道 정치의 경지에 도달되기를 바랐으니,
나라를 근심하는 그 정성이 지극하다. 아, 마침내 뜻
한 바를 대궐에 아뢰었지만 은거隱居하던 곳에서 일생
을 마쳤으니 그 마음은 충성스럽고 그 절개는 고상하
다. 오늘날과 같은 때에 이와 같이 염퇴恬退한 선비가
있는데, 그를 높여 포상하거나 등용하지는 않고 도리
어 그를 공손하지 못하고 공경스럽지 못하다고 책망
하였다. 그러니 세도世道가 날로 떨어지고 명절名節이
땅에 떨어진 것이 당연하며, 위망危亡의 조짐이 이미
이루어진 것이다.91)

남명은 주지하다시피, "공명 보기를 하늘 가운데
한 점의 조각구름처럼 하였다"92)는 평에서도 볼 수
있는 바와 같이, 위의 사신의 글에는 남명은 사심없
이 나라와 백성과 임금을 위하는 마음으로 소를 올
렸던 것임을 밝혀 말하였다. 더욱이 이 글에는 남명
이 임금에 대해 능력을 인정받거나 임금의 마음에
들어서 벼슬자리로 나아가려 한 것이 아님을 밝혔다.

제4장 임금 및 권귀와의 관계

"비록 작록爵祿 보기를 뜬 구름 같이 여겼지만, 오히려 임금은 잊어버리지 않았다"고 한 것은 남명의 임금과의 관계를 잘 말해 주는 것이라 하겠다. 남명이 임금에 대해 취한 일들은 벼슬을 구하기 위한 것도 아니고, 그렇다고 임금의 실정을 비판하기 위한 것도 아니었다. 그것은 오로지 임금과 국가를 위하고 사랑하는 마음에서 나온 것이다. 남명이 비록 벼슬 한 자리 한 적이 없고, 임금의 은혜를 조금도 받은 적이 없지만, 실제로 임금을 어떻게 생각하였던가는 다음 설화를 통해서도 잘 알 수 있다.

만년에 지리산을 찾아 즐기던 남명이 하루는 구암 이정과 더불어 여러 제자들과 탁영대에서 놀고 있었다. 이 강의 명물인 꺽지를 잡아 생회를 치고 술이 여러 순배 돌았을 적에 문득 남명이 천기를 보니 명종대왕이 돌아가셨다.
남명은 마침 안주로 꺽지 한 마리를 입에 넣고 깨물던 찰나였다. 이에 남명은 국상에 근신하여야 하는 선비의 도리로 깨물었던 고기를 물에다 뱉어 버렸다. 그 꺽지가 살아나서 번식하게 되었는데, 오늘날의 덕천강 꺽지는 모두 이 때문에 남명의 이빨에 깨물린 자리가 하얗게 나타나 있다고 한다.93)

그의 작품이라 전하는 시조 1편의 내용도 그렇고, 위에서 볼 수 있는 바와 같이 남명이 거처하던 덕산 지역에 전하는 꺽지 설화 등을 통해서도 남명이 임금의 은총을 한 번도 받아들인 적이 없지만, 임금을 지

남명의 인간관계

극히 위하고 높이는 마음이 있었음을 알 수 있다.

> 매양 국기일을 당하면 풍악을 듣지 않고 고기를 먹지 않더니 하루는 두 셋 높은 관리가 공을 청하여 절에 모여 술자리를 벌였다. 공이 천천히 말하기를, "아무 대왕의 기일이 오늘인데 여러분은 어찌 잠시 잊었는가?" 했더니, 좌우가 깜짝 놀라 사과하고 서둘러 풍악과 고기를 물리고는 술만 한두 잔 돌리다가 이내 헤어졌다.94)

위의 내용은 성운이 지은 묘갈명에 나오는 내용인데, 똑같은 내용이 『언행총록』에도 보인다. 입으로 임금을 위하는 무리들은 모두 국기일을 잊고 있을 때, 남명만이 그것을 기억하였다는 사실은 우리에게 많은 시사를 던져주는 것이다. 남명이 임금의 부름에 응하지 않고, 자신의 시대를 위태로운 시대로 규정한 모든 일련의 일들이 임금에게 불공한 마음이었다면 임금이 죽은 뒤 제삿날을 기억하고 고기를 먹다가 놀라서 뱉을 필요가 있었을까?

5. 상공의 허리 아래 금대가
더 무거울 것 같소

남명은 당시 벼슬길에 나아가는 것을 매우 위태롭다고 생각하여, 자신이 벼슬길에 나아가지 않았을 뿐만 아니라 제자와 벗들에게도 틈만 나면 벼슬을 그만두고 물러나올 것을 권하였다. 석천石川 임억령林億齡이 김해의 산해정으로 남명을 방문하였을 때다. 석천이 찾아뵙고 길이 매우 험하더라는 말씀을 드리니, 남명이 웃으며 말하기를, "그대들이 밟고 있는 벼슬길이 아마 이보다 더 험할 거야"라고 하였다.[95] 이와 비슷한 예는 다음 일화에서도 살필 수 있다.

당시 감사로 부임하는 사람들이 임지에 도착해서 대개 남명을 찾아 인사를 드렸던 것이 하나의 관례가 되었다. 이양원李陽元이 경상도의 관찰사가 되어 남명을 방문하였다. 남명은 주지하다시피 성성자라는 방울을 차고 다녔을 뿐만 아니라, 동시에 칼을 차고 다녔다. 이양원은 남명이 칼을 차고 있는 모습을 보고, 곧 칼을 가리키며 말하기를, "이 칼이 무겁지 않습니까?" 하였다. 무엇 때문에 이같이 쓸데없는 일을 하는가 하고 은근히 조롱하는 뜻이 담겨있는 말이라 하겠다. 이에 대해 남명은, "무엇이 무거우리오? 내가 생각하기에는 상공의 허리 아래 금대金帶가 무거울 것 같소"라고 뼈있는 말을 하였다. 남명이 차고 있는 칼은 임중도원任重道遠의 막중한 선비의 책임을 다하기 위한 것이었다. 이러한 책무에 비해 조그만 칼을 차고 그 의지를 다지는 것은 그리 무거운 일이 아니었다. 오히려 하나의 지방을 다스리기 위해 차고 다니는 금대가 훨씬 무거워 보인다고 한 것은 관찰

남명의 인간관계

사가 하는 일에 비해 남들에게 과시하려는 모습이 지나치다는 핀잔이라 하겠다. 결국 이양원도 남명의 뜻을 알아차리고 말하기를, "재주는 없고, 임무가 무거우니, 감당하지 못할까 두렵소"라고 하였다.

남명은 벼슬을 탐탁지 않게 여겼을 뿐만 아니라 벼슬하는 사람을 또한 가능한 멀리 하고자 하였다. 이기(李芑, 1476~1552)는 사간 의무宜茂의 아들이며, 좌의정 행荇의 형으로 1501년(연산군 7) 식년문과에 장원급제하였으나 장인인 군수 김진金震이 장리贓吏였기 때문에 좋은 벼슬을 얻지 못하였다. 그 뒤에도 삼사를 비롯한 청요의 직책이나 6경 등 서경署經을 필요로 하는 지위에는 나아가지 못하였다. 그래도 관찰사를 지내고 공조참판에까지는 이를 수 있었으나, 국왕이 그를 병조판서에 임명하려고 하자, 이조판서 유관柳灌이 장리의 사위로서 서경을 받을 수 없다고 반대하였다. 이 때 이언적李彦迪의 주장으로 형조판서가 되고, 이어서 병조판서로 발탁되었다. 1543년 의정부 우찬성에 이어서 좌찬성·우의정에 올랐다. 그러나 대윤과 소윤의 싸움이 벌어지자, 소윤에 가담하여 문정왕후文定王后가 수렴첨정을 하게 되었을 때, 윤원형尹元衡과 손을 잡고 을사사화를 일으켜 윤임·유관 등을 제거하고, 1549년(명종 4)에는 영의정에까지 올랐다. 당시 세상에서는 윤원형과 이기를 2흉凶이라 하고, 정순붕鄭順朋·임백령林百齡·정언각鄭彦

제4장 임금 및 권귀와의 관계

懋을 3간奸이라 불렀다. 그런 그가 남명에게 편지를
보내오자 다음과 같은 답변을 보냈다.

상공께서는 제가 과거 공부를 포기하고 산림에 들
어갔기 때문에, 마음속으로 혹시라도 제가 학업을 쌓
아 일가견이 있다고 생각하실지 모르지만, 이는 자신
도 모르는 사이에 이미 많은 것을 속고 있는 것입니다.
이 몸에는 병이 많아서 한가하고 고요한 곳에 거처하
면서 다만 여생을 보전하기에 힘쓰고 있습니다. 의리
에 대한 학문은 제가 가르치는 바가 아닙니다.

『남명집』에 보이는 「답이기答李芑」라는 간략한 편
지를 보면 남명은 이기의 제안을 완곡하게 사양하고
있는 것을 볼 수 있다. 이 내용은 『남명총록』에 의하
면, 이기는 『중용』을 읽기 좋아한다는 추중을 받았는
데, 그가 영남의 관찰사가 되었을 때, 편지로 선생에
게 의리를 논하며 의심된 곳을 물어오자, 이에 답한
편지이다.

남명은 심지어 자신이 매우 친하게 생각하고 있
던 회재가 경상감사로 와서 그를 초청하였을 때도
이를 거절하였다.

나는 일찍이 서로 동떨어진 다른 길을 가고 있는
관계로 손을 잡고 한번 크게 웃어 볼 기회가 없음을
안타깝게 여기고 있었다. 복고가 본도의 감사로 부임
해 왔을 적에 여러 번 편지를 보내 만나기를 청하였다.
그러나 나는 "거자의 신분으로 어찌 감사를 찾아갈 수

남명의 인간관계

있겠습니까? 다만 생각건대 옛 사람은 네 조정에 걸쳐 벼슬하였지만 조정에 겨우 사십육 일을 있었다고 합니다. 나는 상공께서 벼슬을 물러나 고향으로 돌아갈 날이 멀지 않으리라고 생각합니다. 그때 내가 각건을 쓰고 안강리에 있는 댁으로 찾아가 만나도 늦지 않을 것입니다"라고 거절하였다.96)

남명은 회재가 여러 차례 편지를 보내어, 초청하였음에도 거자의 신분으로 감사를 찾아가는 것이 도리에 맞지 않는다 하였다. 아무리 친한 사이라 하더라도 신분이 다른데 찾아가는 것이 예에 맞지 않는다고 생각을 했다. 더 나아가서는 회재가 도리어 벼슬을 내놓고 고향으로 곧 물러날 것을 은근히 종용하였다. 남명은 자신의 이러한 거절과 권유에 대해 뒷날 이언적이 다른 사람에게 말하기를, "조식이 나를 기롱하는데 아직도 벼슬을 내어놓고 물러나지 못하고 있으니 참으로 부끄럽다"97)라고 한 적이 있다고 덧붙였다.
남명은 벼슬보기를 돌같이 하였고, 벼슬아치 만나는 것을 무엇보다도 싫어하였다. 『어우야담於于野談』에는 여성위礪城尉 송인宋寅이 남명을 만나보고자 노력하였으나, 결국 만나주지 않은 일화가 수록되어 있다.

남명은 한 세상을 숨어서 살았는데, 영남 지방에 숨어 벼슬보기를 진흙과 같이 여겼다. 그가 서울로 올라 왔을 때, 일찍이 탕춘대蕩春臺 북쪽, 무계동武溪洞의

제4장 임금 및 권귀와의 관계

시냇가에 노닐게 되었다. 여성위 송인은, 벼슬은 비록 부마였으나 자못 유학의 의리가 있는 것으로 자처하였는데, 남명의 풍모를 흠모하여 산 계곡에서 술 한 잔을 하고자 하여 창의문彰義門 솔 숲 사이에 장막을 쳐두고 길 옆에서 두 손을 맞잡고 공손하게 서서 남명이 지나가기를 기다렸다.

남명이 지나가자 하인을 시켜 맞이하게 하였는데, 남명은 그가 귀한 신분에 있는 줄을 알고는 말에서 내리지 않고 취한 척 떠나면서 말했다. "장자는 굽힐 수가 없는 것이다" 여성위가 머리를 들어 남명이 가는 것을 바라보니 아득할 뿐이었는데, 천 길의 기상을 가진 봉황과 같다고 여겼다.98)

귀한 신분에 있던 송인이 어떻게 해서라도 남명을 한 번 만나보려 하였지만 결국 뜻을 이루지 못했던 이 일화는 전답을 팔아서라도 권귀와 한 번 만나려 했던 일반적인 세태와는 크게 다른 것이다. 남명은 사처에 있을 때에 귀객과 마주하여도 꿈쩍하지 않았다99)고 하는 데에서도 이러한 것을 살필 수 있거니와, 다음의 일화에서는 남명이 권귀를 두려워하기는커녕 그들의 횡포를 오히려 크게 꾸짖은 것을 볼 수 있다.

남명이 정암 나루에서 아이를 시켜 지나가는 배를 불러 강을 건너가려고 했다. 사공이 배를 강가에 대려고 하니 배에 타고 있던 윤원형의 종이 지체할 수 없다고 꾸짖으면서 사공을 제재했다. 이 배는 윤원형의 개인 장사를 위해 그 집의 구리와 철을 싣고 가는 장

남명의 인간관계

삿배였다. 윤원형의 집 종이 사공에게, "윤대감에게 죽임을 당하지 않으려면 지체하지 말고 빨리 가자"라고 하니, 사공이 말했다. "윤원형에게 죽으면 원귀가 되지만 조공을 괄시하면 악귀가 됩니다" 이렇게 말하고는 배를 나루에 대고 남명을 태웠다. 배에 윤원형의 구리와 철이 실려 있음을 보고 남명은, "사대부가 어찌 윤원형의 구리와 철과 같이 타고 가겠느냐?" 하면서 구리와 철을 모두 강에 던져 놓도록 했다. 그리고 배가 목적지에 닿으니, 윤원형 집 종이 사공을 묶어서 대감에게 끌고 가 이 사실을 보고했다. 이야기를 다 들은 윤원형이, "네가 정말 복이 없구나. 하필 조공을 거기서 만나다니, 정말 복이 없다"라고 하고는 사공을 풀어주라고 했다.[100)

당시 산천초목도 떨던 윤원형의 권세에 대항하는 것 자체가 위험한 일인데, 그의 구리와 철을 모두 강에 던졌다는 것은 당시 어느 누구도 감히 할 수 없는 일이다. 이 일은 한 야사에 전하는 것으로 과연 남명이 이러한 일을 했었는지는 확인할 수 없다. 만약 이것이 사실이 아니라 하더라도, 당시 사람들의 인식이 남명은 이러한 일을 능히 할 수 있을 것이란 생각은 적어도 반영되어 있다고 할 수 있다. 당시 민중들의 권귀에 대한 집단 분풀이를 대신하는 인물로 내세운 것은 남명이 평소에 권귀를 어떻게 생각하였던가 하는 일이 반영된 것이라 할 수 있다.

제4장 임금 및 권귀와의 관계

제자와의 관계

퇴계가 내암來庵 정인홍鄭仁弘을 제자로 받아들이지 않고, 남명은 받아들였다는 이야기는 사실 여부를 떠나 퇴계와 남명의 대인관 내지 제자관을 이해하는 데 도움이 된다. 이야기가 사실로 확인되지는 않지만 남명과 퇴계에 대한 세인들의 평가와 형상이 여기에 담겨 있기 때문이다. 한강寒岡 정구鄭逑가 덥다고 호들갑을 떨며 옷을 벗어젖히고 또 물에 얼굴을 씻었다는 것은 인정과 순리에 따라 행동한 것인 반면, 내암이 같은 조건에서도 조금의 흐트러짐을 보이지 않았다는 것은 욕구를 억제하는 마음이 컸다는 것이다. 따라서 퇴계가 한강을 받아들였다는 것은 심성이 자연스럽게 발현되는 것을 좋게 생각한 것이고, 남명이 내암을 받아들인 것은 엄격하게 자기를 단속하고 절제한 남명의 삶과 맞아 떨어진다.

이 설화를 통하여 퇴계와 남명이 사람을 알아보는 눈을 평가하는 견해도 있지만, 중요한 것은 남명이 그러한 내암을 왜 받아들였는가 하는 점이다. 내암은 뒤에 대북정권에 이용되고, 당시의 군주 광해군에게 충성을 함으로써 역사의 과오를 저질렀으며, 이러한 잘못이 인조반정에 성공한 서인들에 의해 부풀려졌다고 한다. 그러나 내암이 학업을 할 당시에는 매우 반듯하고 불의를 용서할 줄 모르는 성격의 소유자로, 남명은 이 제자에게 어지러운 정치를 타개할 인물로 기대를 가졌던 것으로 보인다. 다음 일화는 내암이 젊은 시절 어떠한 모습을 하고 있었는지를 잘 보여 준다.

정인홍은 어릴 때 산사山寺에서 글을 읽었다. 그때 마침 그 도의 감사監司가 당도하여, 밤에 글 외는 소리를 듣고 찾아갔더니, 바로 과부집 어린아이였다. 그래서 기이히 여기고 데려다가 묻기를, "네 시를 잘 짓느냐?" 하니, 인홍은 잘 짓지 못한다고 사양했다. 감사는 탑塔 가의 왜송矮松으로 글제를 내고 운韻자를 불러 주며 짓게 하였더니, 인홍은 즉석에서,

짧고 짧은 외로운 솔이 탑 서쪽에 서 있으니,
탑은 높고 솔은 낮아서 서로 가지런하지 않네.
오늘날 외로운 솔이 짧다고 말하지 마오,
솔이 자란 다른 날에 탑이 도리어 짧으리.

短短孤松在塔西, 塔高松下不相齊.
莫言今日孤松短, 松長他時塔反低.

남명의 인간관계

라고 지었다. 감사는 깨닫고 감탄해 마지않으며 말하기를, "후일에 반드시 현달[貴顯]하리라. 그러나 뜻이 참람하니, 부디 경계하라" 하였다.101)

이 설화에서는 정인홍의 시에 드러난 기상이 훗날 크게 현달할 것을 드러낸다고 하였다. 그리고 뒤에는 "뜻이 참람하니 부디 경계하라"라고 하였다. 남명이 정인홍을 받아들인 것에 대해서 정인홍이 그런 패역을 저지를 줄 몰랐다면 남명의 혜안이 모자란 것이고, 알고도 받아들였다면 남명도 정인홍의 패역에 일단의 책임이 있다는 논의도 결국은 결과론적으로 지어 붙인 것인데, 여기 끝에 붙인 이러한 예언도 결국은 결과론적인 것이라 하겠다.

1. 사람을 가르침에
각각의 재능에 따라 독려하였다

뒤에서 성호가 "그 후에 인홍은 남명南冥의 문하에서 수학하여 세상에서 존대하는 바가 되었다. 그가 패륙敗戮됨에 미쳐서는 그의 문도門徒들이 매우 많았는데, 그들은 오히려 비분강개[悲歌慷慨]하여 한결같이 나아가 벼슬하는 것을 수치로 여겼다. 이 때문에 합천陜川 등지 여러 고을에는 관면冠冕이 대대로 끊어지고 사풍士風이 떨치지 못했으니, 이는 인홍으로

부터 비롯된 것이다"102)라고 한 것이 결국 후대에 벌어진 일을 놓고 한 말이다. 택당의 다음 글은 정인홍 평가의 결과론적인 입장을 대표하는 것이라 할 수 있다.

그가 시기하고 짓밟는 논을 올렸다고 해서 양현에게 누累가 될 수는 없는 일이지만, 남명의 학술이 일전一轉하여 정인홍에게 전해지면서 군상君上을 미혹시키고 나라를 패망의 위기에 빠뜨린 나머지 그 해독害毒이 지금까지도 영향을 미치게 하고 있으니, 남명과 정인홍의 관계로 말하면 순경(荀卿 : 순자荀子)과 그의 제자 이사李斯의 관계 정도일 뿐만이 아니라고 하겠다. 그러고 보면 퇴계가 그 당시에 마음속으로 걱정했던 일이 이때에 이르러 처음으로 드러나게 되었다고 할 것이니, 이 역시 후학後學들이 귀감으로 삼아야 할 일이다.103)

택당이 '퇴계가 그 당시에 마음속으로 걱정했던 일이 이때에 이르러 처음으로 드러나게 되었다'고 한 것은 아마도 정인홍을 제자로 받아들이지 않았다는 것을 염두에 두고 그것에 대한 결과와 결부지어 말한 것이다.

이처럼 결과론적 측면에서 본다면, 남명보다는 퇴계의 판단이 옳았고, 퇴계의 선택이 훌륭하였다고 할 수 있다. 그러나 남명의 입장에서 당시의 정치적 현상을 타개하고 머리 속에 그리던 사회를 실현시키기 위해서는 굳건한 의지와 큰 기상을 가진 인물이

남명의 인간관계

필요했는지도 모른다. 즉 남명의 선택은 어쩌면 인물

자체에 대한 평가
보다는 현실에 대
응하는 인재양성의
필요에 의해 이루
어졌을 것으로 보
인다. 이것은 평소
남명이 갖고 있던
교육관, 즉 제자 각
인의 특성에 따라
각기 다른 교육과
평가를 했던 맞춤
식 교육에 근거한
것이다. 남명의 이
러한 생각은 바로
공자의 교육방식에
그 연원을 두고 있
는 것이다.

공자는 일생 뚜
렷한 신념을 가지
고 살았다. 그리고
자신의 이상을 찾
아 평생을 찾아 다
녔다. 만년에는 초

자로子路가 자식에게 부모가 고생하여 기르는 것을 직
접 보여주기 위하려 손수 쌀을 지고 가는 모습(『오륜행
실도五倫行實圖』)

제5장 제자와의 관계

조한 나머지 자신의 신념을 조금 낮추어 잡아보기도
하였으나, 이제는 다른 사람들이 용납하지 않았다.
그의 제자들이 반대를 하고 나섰을 뿐만 아니라, 그
를 영입하려는 사람들도 공자의 속내가 두려워 그마
나 허락하지 못하였다. 초나라에서 영윤자서令尹子西
에 의해 700리 봉지를 받아들이려던 계획마저도 틀
어지자, 그는 위衛나라를 거쳐 노나라로 돌아와 이제
는 자신이 무엇을 하겠다는 생각을 접고, 제자들에게
자신의 뜻을 전하는 일에 전념하였다.

이처럼 신념의 사나이라 하여 손색이 없는 공자이
지만, 그는 사물을 인식함에 있어서는 당시의 누구보
다도 유연한 생각을 가지고 있었던 것으로 보인다. 일
례로, 자로子路가 그에게 강함이란 어떤 것인가에 대
해 묻자 그는 강함에 대해 북방의 강함, 남방의 강함,
그리고 또 자로의 강함의 세 가지를 대뜸 내어놓았다.
뿐만 아니라, 북방의 강함과 남방의 강함에 대한 성격
을 규정하고, 주로 누가 그런 것을 차지하고 있는가에
대해 설명하고 있다. 그리고 마지막으로 군자는 주로
어떠한 강함을 차지하고 있는가를 말하고 있다.104)

강함에 대해 물어보던 자로가 거의 질릴 정도로
강함에 대해 깊이있는 설명을 늘어놓고 있는데, 이러
한 예를 통해보면 공자가 평소 사물에 대한 인식이
상대적이었던가를 알 수 있다. 물론 이것은 공자가
자로의 지나친 용맹과 용기를 꺾기 위해 일부러 강

남명의 인간관계

하게 말한 측면이 없지 않다. 공자가 자로에게 용기란 무엇인가에 대해서 설명할 적에도 똑같이 상대적인 인식이 바탕에 작용하고 있음을 확인할 수 있다. 그는 맨손으로 호랑이를 잡는다든가, 하수를 걸어서 건넌다든가 하는 것은 용기가 아니라고 하였다.

이는 또한 자로의 지나친 용맹을 꺾기 위해서 한 말이다. 아마도 용기를 북돋아줄 필요가 있는 사람이었다면 그것을 오히려 좋은 용기로 말하였을 지도 모른다. 이처럼 공자의 가르침은 상대적 인식을 바탕으로 제자의 자질이나 성격, 그리고 당시의 상황 등에 따라 다양하고 적절한 처방식 교육을 하였다. 이것을 일러 요즈음 흔히들 말하는 '수요자 중심의 교육'의 진정한 의미라고 할 수 있을지 모르겠다. 요즘의 이른바 '수요자 중심의 교육'은 공자의 이러한 가르침의 방법과는 거리가 멀다. 공자는 스승으로서 학생의 상태를 파악하

공자(『삼재도회三才圖會』)

제5장 제자와의 관계

여 각각의 제자에게 적절한 가르침을 주는 처방식 교육인데 반하여, 요즈음은 교사가 학생의 눈높이에 맞추어 학생들의 요구에 혹은 학부형의 요구에 맞추어주는 것을 눈높이 교육이라고 한다.

의사는 환자를 맞아 진단을 한 뒤에 적절한 약을 처방하여 병을 낫게 하는 사람이다. 수요자 중심의 의료서비스를 한다고 하여 환자의 요구대로 해주는 사람은 의사가 아니다. 의사는 환자가 해달라는 대로 다해줄 수 있는 능력도 없을 뿐만 아니라, 환자가 싫다고 한다고 꼭 필요한 처방을 모른척해서도 안된다. 어린아이가 쓴 약을 먹지 않으려 하면 그것을 어떻게든 투여해서 병이 낫도록 해야 할 것이다.

교육도 이와 하나도 다르지 않다. 선생은 학생이 하기 싫다고 해도, 혹은 하기 싫어하는 것이 있어도 꼭 가르쳐야 한다. 의사가 환자를 저항하지 못하도록 조치를 취한 뒤에 시술을 하듯이, 매를 쳐서라도 가르쳐야 하고, 해서는 안 되는 일은 아무리 조르고 원한다 해도 가르쳐서는 안 되는 것이다. 이 모든 것은 스승의 판단에 따라 이루어진다. 그 판단이 어느 정도 옳은가 그른가에 따라 좋은 스승과 그렇지 못한 스승으로 나뉠 따름이다. 그래서 남의 스승노릇하기가 쉽지 않아 훈장의 똥은 개도 먹지 않는다고 하지 않았던가?

의사가 환자의 상태에 따라 처방이 다르듯이 선생도 제자들에 따라 가르침의 내용이 달라야 할 것

남명의 인간관계

이다. 공자는 제자들을 가르침에 능력에 맞게 하였다. 『논어』에서 이에 적당한 예를 찾는다면, 제일 먼저 효에 대한 공자의 가르침을 예로 들 수 있을 것이다. 논어 위정편에 공자가 효에 대해 물은 네 사람에게 대해 각각 다르게 이야기하고 있는 것을 볼 수 있다.

　　맹의자孟懿子가 효를 물으니, 공자는 말씀하시기를 "어김이 없는 것이다"라고 하셨다. 번지樊遲가 수레를 몰더니, 공자가 고하시기를 "맹손孟孫이 나에게 효를 묻기에 나는 '어김이 없는 것이다'라고 대답하였다"라고 하셨다. 번지가 말하기를, "무슨 뜻으로 이르신 것입니까?"고 하였다. 공자는 말씀하시기를 "부모가 살아 계실 때 예로써 섬기고, 돌아가신 후에는 예로써 장사지내고, 예로써 제사 지낸다는 것이다"라고 하셨다.

　　맹무백孟武伯이 효를 물으니, 공자는 말씀하시기를 "부모는 오직 자식이 병날까 근심하느니라"라고 하셨다.

　　자유子游가 효를 물으니, 공자는 말씀하시기를 "오늘날의 효란 잘 공양供養하는 것이라 이르다. 개와 말에 이르러서도 다 사람의 기름을 받고 있으니, 공경심이 없다면, 무엇으로 그것과 구별하겠느냐?"라고 하셨다.

　　자하子夏가 효를 물으니, 공자는 말씀하시기를 "온화한 얼굴빛으로 부모를 섬기기가 어렵다. 일이 있으면 자제가 그 노고를 대신하고, 술과 음식이 있으면 부형에게 먼저 잡수시게 하는 것만으로 효라고 하겠는가?"라고 하셨다.105)
공자가 효라고 하는 동일한 문제에 대해 문의한

제5장 제자와의 관계

자유子游(『삼재도회三才圖會』)

맹의자, 맹무백, 자유, 자하에게 답한 내용이 모두 다르다. 이처럼 공자가 똑같은 주제를 놓고 대상에 따라 다르게 가르친 것을 두고 일관성이 없다는 등 비난을 할 사람은 아무도 없을 것이다. 오히려 그의 가르침이 더욱 빛나는 것이었음을 우리에게 확신시켜주는 좋은 예가 될 것이다.

공자 이후 중국의 훌륭한 스승들, 정명도鄭明道·정이천程伊川·주자 등도 공자처럼 그렇게 제자에 따라 가르침을 달리 하였던 것으로 생각되며, 우리나라의 유명한 스승들도 모두 그러하였을 것이라고 생각된다. 자신은 이렇다 할 스승도 없이 공부를 하였으면서도, 수많은 제자를 길러내었던 남명도 그러하였다.

남명은 "사람을 가르치시되, 반드시 그 자품을 살펴, 장차 따르게 하여 그를 격려하였다"106)라고 한 바와 같이 제자를 능력에 맞게 가르쳤고, 그가 이처럼 수요자 중심의 맞춤식 교육은 매우 깊은 철학적 바탕과 새로운 방법론적인 특색까지 갖추었던 것으로 평가할 수 있다.

남명의 인간관계

선생이 사람을 가르침에는 각기 재능을 따라 이를 독려하였으니, 질문하는 일이 있으면 반드시 그를 위하여 의심된 뜻을 쪼개고 분석하여, 그 말이 가늘기가 추호 같은 것에 있어서도, 듣는 자로 하여금 환히 꿰뚫어 통달케 한 뒤에 그만 두었다.[107]

『총록』의 이 내용은 권별의 『해동잡록』에 그대로 수록되었다. 남명을 이해하고 평가하는 데 중요한 자료로 인정된 것이라 하겠다. 이 글에서는 남명이 제자들을 단순히 내능에 따라 가르치기만 하는 소극적 단계를 넘어 제자 교육에 열과 성을 다하던 남명의 진지한 자세를 여실히 보여주고 있다. 남명은 제자가 질문을 해 오면, 의심스러운 부분을 분석하고 해부하였는데, 그 설명이 매우 자세하고 세밀하여 털끝과 같았을 뿐만 아니라, 듣는 사람이 훤히 안 뒤에야 그만 두었다고 했다. 아이들을 가르침에 이렇게까지 철저하고 자세하게 하는 경우가 얼마나 될까?

2. 내 집에 소 한 마리가 있는데 그대가 끌고 가게

남명이 제자를 가르치던 특별한 면모는 여기에서 그치지 않는다. 남명은 제자들에게 효과적으로 이해시키기 위해 다른 많은 방법을 동원하였는데, 그 가

제5장 제자와의 관계

운데 비유적인 방법이 들어 있다. 남명은 성현의 도를 깨우쳐 줌에 가장 효과적인 방법으로 비유를 사용하였다.

> 선생은 비유에 능란하여 사물을 인용하여 유類를 연상시킴이 밝고 상쾌하여, 범연하지 않았다. 역시 영기英氣를 가져 가장 많이 드러난 것은, 해학을 섞어 조소하고 풍자하는 말씀이었다.108)

여기에는 남명이 그저 효과적인 방법의 하나로 비유를 쓴 것이 아니라, 비유에 능란하다고 했다. 그리고 그 비유는 해학과 조소가 섞여 있다고 했다. 남명의 비유가 매우 고차원적이고 함축이 크며, 단순하지 않다는 것을 보여주는 말이다. 남명이 한 비유 가운데 하나를 예로 들어보면, 남명의 비유가 어느 정도 적실한 지 이해할 수 있다.

> 언제나 학자를 가르치면서 말했다. "사람이 도회지의 큰 시장에 놀러 가면 금은과 진귀한 물건들이 없는 것이 없다. 종일 거리를 오르내리면서 그 값을 묻지만 끝내 자기 집 물건은 되지 않고, 단지 남의 집 일이 될 뿐이다. 차라리 나에게 쓰일 한 필 포목이나 한 마리 고기를 사오는 것만 못하다. 지금 학자들이 성리에 대하여 소리를 높여 마구 말하고 있지만 자기에게 얻어지는 것이 없으니 이것과 다를 것이 있겠는가?"109)

남명의 인간관계

남명은 학자들이 학문의 진정한 목표를 망각한
채 남들이 하는 외양만을 좇아가는 것에 일침을 가
한 것이다. 남명은 제자들에게 늘 머리 속으로만 학
문을 해서는 안 됨을 강조하였는데, 여기에서는 성리
를 따지고 분석하는 것보다 자기에게 도움이 되는
실질적인 공부를 해야함을 비유적으로 이야기한 것
이다. 시장의 수많은 진귀한 보화를 매양 구경만 해
서는 자기 것이 될 수 없듯이 남들이 정리해놓은 글
만 백날 읽어봐야 자신에게 도움이 되지 않는다는
것이다. 탁상공론보다는 실천궁행이 중요함을 이 이
상 효과적으로 비유하기는 쉽지 않을 것이다. 남명의
비유는 여기에 그치지 않는다. 제자들에게 여색을 경
계시키는 말을 함에 있어서도 기발한 비유로 깨우치
고 있다.

　　일찍이 문인에게 말했다. "천하의 제일 철문관鐵門
關이 있으니 이것은 화류관花柳關이다. 너희들이 이것을
뚫을 수 있겠느냐? 이 관문은 금석도 녹여버리는 것이
니, 평소에 조행操行이 있다 하더라도 여기에 이르게 되
면 모두 흩어져 사라지고 남는 것이 없을 것이다"110)

젊은 제자들이 여색에 마음을 빼앗길까 걱정하는
스승의 마음이 비유를 통해 효과적으로 전달된다고
할 수 있다. 제자 앞에서 민망하고, 뻔한 내용의 말을
비유를 통함으로써 자세하고 기품있게 이야기하고

제5장 제자와의 관계

있다. 비유의 효과를 잘 활용한 예라 할 것이다. 다음
은 남명이 얼마나 적절한 비유를 통하여 제자에게
맞춤식 교육을 하고 있었던가를 알 수 있다.

> 약포 상공藥圃相公이 말하기를, "젊었을 때에 남명
> 南冥을 뵈었는데 작별에 임하여 남명이 홀연히 말씀하
> 기를, '내 집에 소 한 마리가 있는데 군이 끌고 가게'
> 하니 내가 무슨 말인지 모르자, 남명이 웃으며 말하기
> 를, '군의 말과 얼굴빛이 너무 민첩하고 날카로우니,
> 날랜 말[馬]은 넘어지기 쉬운지라 더디고 둔한 것을
> 참작해야 비로소 멀리 갈 수 있으므로 내가 소를 준다
> 는 것이다' 하였다. 그 후 수십 년을 다행히 큰 잘못
> 없이 지낸 것은 선생이 가르침을 주신 덕택이다"라고
> 하였다.111)

이긍익이 이기옥李璣玉의 일기日記를 인용하여
그의 『연려기실기술』에서 한 말이다. 약포 정탁은 우
리가 잘 아는 바와 같이 남한산성에서 버티던 인조
가 청에게 항복할 때, 스스로 자신의 배를 갈랐던 사
람이다. 그런데 그는 평소에 너무 민첩하고 날카롭다
고 했으니, 매우 직선적이고 경박한 측면이 있었던
것 같다. 그런데 남명의 이러한 가르침을 받아 그 후
수십 년 동안 큰 잘못이 없이 지냈다고 하였다. 그렇
게 날카로운 성격을 가지고 살벌한 조정에서 대과없
이 지내고, 또 나라의 위기를 맞아 이토록 큰 의기를
보인 것이 결국은 남명의 가르침에서 나온 것이라
하겠다.

남명의 인간관계

3. 사군자의 큰 절개는
오직 출처 한 가지에 있을 뿐이다

다음 글에서도 남명이 비유를 통하여 학문을 하는 것을 설명하고 있다. 남명이 비유적 방법을 수단으로 깨우치려 한 것은 결국 학자들의 마음가짐과 학문의 목적 등인데, 여기에서도 학문의 차제次第와 목적을 설명하였다.

> 선생이 일찍이 학자들에게 이르시되, "학문을 함에는 먼저 지식을 고명하게 해야 하니, 만약 태산泰山에 오르면 만물이 다 낮아 보이는 것이니, 그런 뒤에 내가 가는 곳에 저절로 이롭지 못함이 없으리라" 하셨다.112)

학문을 함에 가장 먼저 지식을 고명하게 해야 한다고 했다. 그 까닭은 비유를 가지고, 설명하여, 높은 곳에 올라가면 만물이 낮아보이듯, 고명한 데에 오르면 모든 지식이 낮아 보인다는 설명이다. 그리고 이렇게 높은 곳에 올라 보아야 또 다른 높은 곳에 오를 수 있다고 했다. 고명한 식견을 가지면 다른 방면에서 고명한 식견을 잡은 것이 그 문제라 하겠다.

> 항상, '학자는 단지 그 혼수한 것을 깨우쳐 주면 되는 것이다. 눈을 뜨면 자신이 천지와 해와 달을 볼 수

뇌룡명雷龍銘과 계부명鷄伏銘

있기 때문이다'고 하였다. 이리하여 학도들을 위하여 글 가르치는 것을 논한 적이 없고 단지 자신으로 하여금 스스로 터득하도록 하는 것이었다.113)

선생이 말하기를, "학문은 스스로 깨닫는 것을 귀히 여긴다. 다만 책에만 눈을 붙이고 의리를 강명講明하여도, 실제로 얻은 것이 없을 때에는 끝내 수용을 받지 못하는 것이다. 마음에 만약 터득했더라도 입으로는 말하기 어려운 것 같이 하라. 학자는 말 잘하는 것을 귀하게 여기지 않는다" 하였다.114)

여기에서 남명은 스승이 할 일은 제자의 어둡고 어리석은 것을 깨우쳐주기만 하면 된다고 했다. 스스로 눈을 뜨게만 도와주는 것이란 말이다. 그렇게 하면 제자들이 스스로 눈을 들어 해와 달을 보듯, 스스로 학문의 높은 경지를 터득할 것이라 했다.

남명의 인간관계

그러니 그 뇌룡雷龍·계부鷄伏 등의 문자를 살펴보면, 그가 매우 힘써 공부하였던 것을 알 수 있다. 그는 일찍이 학자들에게 말하기를 "다만 그 혼수昏睡를 깨우치는 데 있을 따름이니 이미 눈을 떴을 경우에는 저절로 천지와 일월을 보게 된다" 하였으니, 이 한 마디 말은 초학의 정침頂針이 될 만하다.115)

남명은 이처럼 비유를 통해 제자를 일깨워줬다. 이렇게만 보면, 남명은 제자들에게 너무 친절하고 자세하여 학생들은 하는 일 없이 스승의 가르침만 따르면 되는 것처럼 보일 수도 있다. 그러나 남명은 스승의 역할과 제자의 할 일을 분명히 구분하였다. 다음 글은 남명이 제자들에게 과연 무엇을 하도록 가르쳤는가를 알게 해주는 것이다. 남명이 강조한 것은 입신출세를 위한 실력 기르기가 아님은 물론, 성리학의 오묘한 이치를 구하는 것도 아니었다.

선생이 일찍이 배우는 이에게 말씀하시기를, "학문을 하는 것이 처음에 어버이 섬기고, 형을 공경하며, 어른께 공손하고, 어린이를 예뻐하는 데서 출발하지 않고서, 만약에 혹시 이것을 힘쓰지 않고서 문득 성리학의 오묘한 이치를 궁구하고 탐색하려 하면, 이는 인사 상의 이치를 살피지 못하고, 위로 천리를 구함이니, 끝내 실제로 얻은 것이 없으리니, 마음에 마땅히 깊이 경계해야 할 것이다" 하였다.116)

이 글에 드러난 바와 같이 남명이 제자들에게 강조한 것은 어버이를 섬기고 형을 공경하며, 어른께

제5장 제자와의 관계

공손하고, 어린이를 예뻐하는 인간으로서 갖춰야 하는 지극히 평범한 윤리규범이었다. 그런데 이러한 것을 도외시하고 성리학만을 궁구하는 것은 사상누각과 같은 것이라서 실제로 얻을 것이 없다는 것이다. 인사 상의 이치를 살피지 못하고 위로 천리만을 구하는 것은 실제적인 소득이 없는 헛된 논의에 불과하다는 지적이다.

이러한 남명의 지적은 훗날 많은 학자들이 이야기한 것과 맥락을 같이한다고 하겠다. 성호 이익은 그의 『성호사설』에서 "대체로 학문을 할 적에 마땅히 그 당시의 폐단을 살펴보아야 할 것입니다. 오늘날 학자들은 대체로 형이하학形而下學을 탐탁지 않게 여긴 나머지 성명性命, 이기理氣, 사단칠정四端七情의 분변에만 마음을 쏟아 오늘 배웠다 하면 그 다음날 그 도리에 관해 말합니다. 비록 자신의 학문이 하늘과 사람의 이치를 꿰뚫었다고 하더라도 그 귀추歸趨를 따져 보면 기생이 예경禮經을 외우는 것이나 다름이 없으니 이게 과연 무슨 유익함이 있겠습니까"라고 하여 남명의 위 논의와 거의 유사한 주장을 하고 있다.

그런데 성호는 남명이 "손으로 청소하고 시중들어야 하는 것은 모르고 입으로 천리만 말한다"고 당시 학자들을 비판한 것을 바로 퇴계를 두고 한 것으로 이해하고, 남명이 퇴계를 이렇게 비판한 것은 퇴

남명의 인간관계

계의 본의를 잘 몰랐기 때문이라 하였다.

　　퇴계退溪의 시대에는 이 도道의 근원이 본디 밝혀
지지 않았기 때문에 반드시 주염계周濂溪의 「태극도설
太極圖說」을 우선으로 삼았는데, 시의時義가 그러했기
때문입니다. 그 당시에 조남명曺南冥이 "손으로 청소하
고 시중을 들어야 하는 것은 모르고 입으로 천리天理
만 말한다"고 비판하였는데 이는 퇴계 선생의 본의를
몰라서 그런 것입니다. 금세에는 의리義理의 설이 이미
보편화되었으므로 학자들의 소행이 사실 남명이 지적
한 말에서 벗어나지 못하고 있습니다. 저도 얼마만큼
의 세월을 살아오며 그러한 사람을 많이 보았습니다.
하늘을 속이고 사람을 속이고 자신의 마음을 속이면
서 학문을 하였다고 할 수 있겠습니까.117)

　　남명의 주장에 공감은 하면서도 퇴계를 비판한
것은 받아들일 수 없었던 성호의 견해를 읽을 수 있
다. 퇴계 당시에는 도의 근원이 아직 밝혀지지 않아
주렴계의 「태극도설」을 학문의 우선으로 삼았기 때
문에 성리학을 우선으로 하지 않을 수 없었다는 것
이다. 시의가 그러하였으므로, 퇴계가 성리를 말하고
공부했던 것은 비판의 대상으로 삼기 어렵다는 주장
이다. 하지만, 자신의 시대는 의리의 설이 보편화되
었으므로, 아직도 성리설을 탐구하는 것은 무익한 일
이라 여겼고, 지금까지도 이 성리설을 이야기하는 사
람은 심지어 하늘을 속이고 자신을 속이는 것이라
하였다.

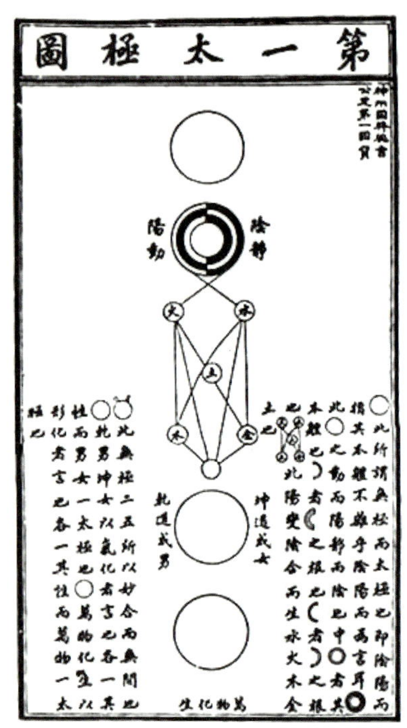

태극도설太極圖說

성호가 퇴계의 시대에는 아직 도의 근원이 밝혀지지 않았다고 하였지만, 남명은 이미 남송의 여러 학자들이 도의 근원을 모두 밝혀 놓았기 때문에 또 그것을 탐구할 필요가 없고 다만 그것을 실천하는 것이 중요함을 말한 바 있다. 송대 여러 학자들이 도의 근원을 밝혀 놓은 것은 다름 아닌 『논어』·『맹자』·『중용』·『대학』의 사서를 비롯하여 『근사록』 등으로 이 것을 힘써 배울 것을 강조하였다.

선생이 항상 『논어』·『맹자』·『중용』·『대학』·『근사록』 등의 여러 책을 풀이하여 그 뿌리를 북돋우어 그 지취를 넓히며 그 중에 몸에 절실한 곳에 나아가 다시 더 완미하여 인하여 예를 들어 사람에게 알려 주었다. 일찍이 구차하게 학문이 넓고 흡족하다고 하여, 듣기 좋은 말을 따르지 않았으며, 편리한 대로 강설하여 바깥사람의 논의를 일으키지 않았다.[118]

사서와 『근사록』을 풀이하여 그 뿌리를 북돋워 그 지취를 넓히는 것은 이미 송대 유학자들이 밝혀 놓은 것을 익히는 것이다. 더 중요한 것은 그 가운데

남명의 인간관계

몸에 절실한 곳에 나아가 다시 더 완미하게 하고, 이 것에 대해 예를 들어가며 알려주었다고 했다. 남명 이 그의 제자 김효원에게 준 편지에도 『대학』의 중 요성을 강조하며, 그것을 예로 들어 실감나게 설명 하고 있다.

> 선생이 김효원金孝元에게 준 편지에 가로되, "지금 에 다만 『대학』을 잡고 보아, 겉으로는 『성리대전』을 1, 2년 탐구하더라도, 언제나 『대학』 한 건의 뜻에 나들이 를 할 뿐이니, 비록 연나라로 가나, 초나라에 가나 필 경 돌아와 본가에서 잠자는 것이니, 성인이 되거나, 현 인이 되거나 모두 이 『대학』 책 한 권의 내용 이상을 벗어나지 않으리라"라고 하였다.119)

『성리대전』을 1, 2년 탐구하더라도 언제나 『대학』 한 권의 뜻에 나들이 할 뿐이라는 말은 시체말로 손 오공이 날고 뛰어봐야 부처님 손바닥이라는 말과 같 이 『성리대전』을 아무리 공부해 봐야 『대학』 한 권 안 에 있는 뜻을 벗어날 수 없다는 것이다. 또 비유하기 를 북쪽 연나라로 가나, 남쪽 초나라로 가나 필경은 본가로 돌아오게 되어 있는 것과 같이 아무리 다른 책을 기웃거리더라도 대학 한 권의 내용 이상을 벗 어나지 않을 것이라 했다. 송파자松坡子에게 보내는 편지에서는 『주역』을 이해하는 데에도 사서가 바탕 이 되어야 함을 말하였다.

제5장 제자와의 관계

선생이 송파자에 보이어 이르시기를, "고금의 학자
가 『주역』 궁리하기를 매우 어려워 하니, 이것은 사서
를 잘 이해하지 못한 까닭이다. 배우는 자는 모름지기
사서를 정밀하고 숙달하게 공부하여, 참으로 쌓은 힘이
오래 되어야만 도가 위에 이름도 알게 되고, 『주역』을
궁리하는 것도 아마 어렵지 않으리라" 하였다.[120]

고금의 학자들이 『주역』을 궁리하기를 어려워하
는 까닭은 사서를 잘 이해하지 못한 까닭이라고 하
며, 또한 사서를 공부할 것을 강조하였다. 사서를 정
밀하고 숙달하게 공부하여 쌓은 힘이 오래되어야만
도를 알게 되고, 그렇게 되면 『주역』을 공부하는 것
도 쉬울 것이라 했다. 남명은 유학의 가르침은 그 핵
심이 사서에 있다고 보고 이것을 공부하면, 다른 것
은 저절로 되는 것이라 하였다. 문제는 이것저것 머
릿속으로 많이 배우는 것이 중요한 것이 아니라 그
것을 행동으로 옮기는 것이 중요한 것이란 생각이다.
남명이 제자에게 주는 글 가운데 자신의 외손녀 사
위의 한 사람이자 제자인 동강東岡 김우옹金宇顒에게
주는 편지가 가장 많이 남아 있는데, 이곳에서도 그
는 행실을 닦을 것을 강조하고 있음을 볼 수 있다.

선생이 일찍이 동강 김우옹에게 말하기를, "장부
의 행동은 무겁기가 산악 같고, 우뚝하기가 만길 절벽
같아서 때가 오면 펴서 바야흐로 허다한 사업을 펼 것
이라, 무거운 쇠뇌가 한 번 쏘아지면, 능히 만 겹의 군

남명의 인간관계

은 철벽을 뚫을 것이니, 진실로 하찮은 이를 위해서 써
서는 안 된다"라고 하였다.121)

　선생이 일찍이 김우옹에게 말씀하시기를, "노부老
夫가 비록 혹시 한 푼의 교학상장敎學相長의 능력이 있
어, 정자나 주자의 입언에 실이나 털만큼 더할 수 있겠
느냐? 그 중에 『어록』이나 『역경』의 풀기 어려운 곳은,
나도 역시 억지로 구하여 다하려 하지 않았다. 그 사이
의 말은 또한 샘을 파는 것 같아서, 처음 파고 들어가
면 더럽고 흐리나, 다 파면 많고 맑아 그런 뒤에 은화
자(銀花子 : 燈火)처럼 뚜렷하니, 청컨대, 한꺼번에 얻으
려 하지 말고, 세월을 여러 번 하여 날마다 소득이 있
은 뒤에 나타나니, 노부와 함께 공부했으면 좋겠다"
하셨다.122)

　동강 김우옹이 처음 뵙고 가르침을 구하니, 선생께
서 "침잠하는 사람은 모름지기 강극하게 일을 해야 하
니, 천지의 기가 강한 연고라, 무슨 일을 말할 것도 없
이 다 뚫고 지나가야 한다" 하셨다.123)

　동강이 또 가르침을 청하니, 선생이 옛말을 들어
가르치시되, "행신하는 시초에는 마땅히 금과 옥에 조
그만 티끌의 더럽힘도 받지 않아야 한다" 하셨다.124)

　선생이 동강 김우옹, 한강 정구에게 말씀하시기를,
"너희들이 출사 퇴처에 대하여 조금 본 것이 있으면
내 마음에 허여하리라. 사군자의 대절은 오직 출사 퇴
처하는 한 가지에 달려 있을 뿐이다" 하셨다.125)

　남명이 성성자를 차고 다니면서 항시 자신을 돌
아보고 각성하였는데, 남명은 바로 이 성성자를 문인
들에게 주면서 "이 물건의 맑은 소리가 경계와 반성
을 하게 하는 것으로 사람이 차면 매우 좋은 것이다.

제5장 제자와의 관계

내가 귀중한 보물이라 생각하여 주는 것이니 잘 보전하겠는가? 이것이 언제나 옷과 띠 사이에 있으면서 조금이라도 움직이면 규칙적으로 깨우치고 꾸짖고 책망해 주니, 경외하고 삼가서 방울에 죄를 얻지 않도록 하라"126)라고 하였다는 일화가 있다. 이 일화에 드러난 것은 그가 얼마나 실천을 중시하였으며, 입으로만 외치는 실천궁행이 아니라 한시라도 그것을 잊지 않으려 했던가를 알 수 있다. 위의 김우옹에게 주는 편지의 여러 내용도 결국은 남명의 이러한 생각을 여러 경우에 맞추어 말한 것뿐임을 알 수 있다. 그런데 맨 마지막의 편지에서 사군자의 대절은 오직 출처 하나에 달려 있다고 했는데, 남명이 가장 큰 실천 덕목의 하나로 삼았던 것이 바로 이 출처에 관한 것이었다. 그래서 그는 다른 문인들에게도 비슷한 말을 한 바 있다.

> 선생은 일찍이 문인에게 말했다. "내가 많은 사람을 얻어 각각에게 많은 일을 부탁하고 나는 오히려 물러앉으려 하는 것은 재주가 없기 때문에 그러한 것이다. 내가 평생에 단 하나 장점이 있는 것은 죽어도 구차하게 남을 따르지 않는 것이다. 사군자의 큰 절개는 오직 출처 한 가지에 있을 뿐이다"127)

사람들이 가장 큰 유혹에 빠지기 쉬운 것이 바로 출처와 관련되어 있다. 즉 입신출세에 관한 유혹을 가장 뿌리치기 어려운 것이라 하겠다. 일생동안 성현

남명의 인간관계

의 뜻을 배우고 거기에 맞추어
생활해 오다가도 벼슬자리에
현혹되어 평생의 일을 그르치
는 일이 얼마나 많은가? 남명
은 이러한 유혹을 물리치려 무
진 애를 썼다. 임금이 내리는
벼슬을 모두 마다 하였고, 제
자들에게 이것을 가장 경계하
도록 가르쳤다. 그래서 결국은
남명이 임금에 대해서 정치현
실에 대해서, 임금의 어머니에
대해서도 4년이나 조야를 떠
들썩하게 했던 말들을 조정을
향해 퍼부을 수 있었던 것이다.

남명의 모습(『한국 삼재도회韓國 三才
圖會』)

　남명은 이처럼 제자들을 가르치는 방식이나 제자
에게 가르치는 내용에 있어서 뛰어나고 특이한 방식
을 취하였음을 알 수 있다. 이것만으로도 남명이 제
자를 기르던 일은 높이 평가할 만하다고 하겠다. 하
지만, 이처럼 매우 엄격하면서도 단호한 남명이 제자
를 가르침에 있어서 가장 존경을 받을 만한 것은 바
로 제자들에 대한 애정이 컸던 것이라 하겠다.

　산청군에 있는 면상촌(지금은 명상촌이라 함)이
란 마을의 이름과 관련한 유래가 이것을 말하여 준
다. 덕계 오건이 남명을 찾아 공부를 한 뒤 돌아갈 때

127

제5장 제자와의 관계

면, 항상 송객정에서 작별을 하였다. 그러나 작별이
아쉽고 험한 길을 가는 제자가 안쓰러워 남명은 제
자의 뒷모습을 하염없이 바라보고 서 있으면, 덕계는
자주 뒤를 돌아보면서 가다가 면상촌에 이르러서는
서로 모습이 보이지 않아 그 때부터 덕계가 얼굴을
위쪽으로 하여 돌아보며 걸어갔다고 하여 생긴 마을
이름이라고 한다.[128] 그 때의 스승과 제자의 마음으
로 교육을 한다면, 우리가 안고 있는 모든 교육의 숙
제가 모두 풀릴 듯하다. 스승과 제자 사이에 무엇이
가장 중요할까? 바로 이러한 애정이 아닐까 싶다.

남명의 인간관계

당대 학자들과의 관계

남명이 당대의 학자들과 어떠한 관계에 있었던가
는 사실 그의 벗들과의 관계에서 거의 드러났다고
해도 과언이 아니다. 남명이 벗으로 사귄 사람들이
대부분 당대를 대표하는 선비요
학자들이었기 때문이다. 그러나 당
시의 저명한 사람 가운데 남명과
벗으로 사귄 것은 아니었지만, 남
명과 자의반 타의반으로 관계를
맺은 사람이 또한 적지 않았으며,
남명과 이들의 관계에서도 그의
특별한 생각과 삶의 방식을 발견
할 수 있다.

남명이 벗으로 종유하던 사람
도 아니고, 선배 제자도 아닌 당대

퇴계의 모습(『한국 삼재도회韓國 三才
圖會』)

의 대표적인 학자는 물론 퇴계이다. 그리고 퇴계와의 관계에 관한 내용이 그 어느 누구보다도 많다.

1. 퇴계는 포목을 짜서 필을 이루었다

남명과 퇴계는 같은 해에 태어나 70 평생을 영남에 함께 있으면서 직접 만나보지는 못했다. 퇴계는 처가가 있는 의령에 왔다가 진주에 와서 며칠 묵어가면서 시를 남기기도 하였으나, 두 학자의 대면은 이루어지지 못했다.

『남명집』에는 「답퇴계서」 한 편과 「여퇴계서」 한 편 모두 퇴계와 관련된 두 편의 편지가 있다. 하나는 답장으로 쓴 글이니 적어도 퇴계에게 한 편 이상의 편지를 받았음을 알 수 있는데, 『퇴계집』에는 3편의 남명에게 보내는 편지가 있다. 남명이 퇴계에게 보낸 「여퇴계서」의 내용 첫머리에는 퇴계를 만나고 싶어 했던 마음이 배어 있다.

평생 마음으로만 사귀면서 지금까지 한번도 만나질 못했습니다. 앞으로 이 세상에 머물 날도 얼마 남지 않았으니, 결국 정신적 사귐으로 끝나고 마는 것인가요? 인간의 세상사에 좋지 않은 일이 많지만, 어느 것하나 마음에 걸릴 것이 없는데, 유독 이 점이 제일 한스러운 일입니다. 선생께서 한번 의춘으로 오시면 쌓인 회포를 풀 날이 있으리라 매번 생각하고 있었는데,

남명의 인간관계

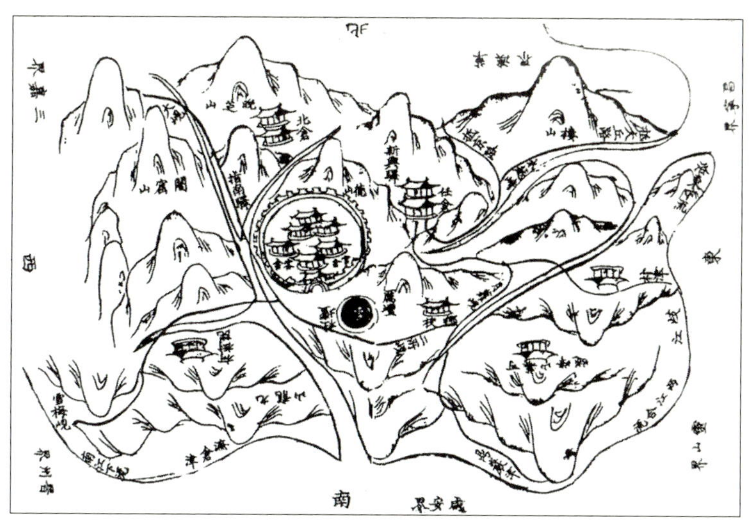

의령현의 지도(『한국 삼재도회_{韓國 三才圖會}』)

아직까지도 오신다는 소식이 없으니, 이 또한 하늘의
처분에 맡겨야 하겠습니다.129)

　인용문에 보이는 의춘은 의령의 별호로 퇴계의
처가가 있던 곳이다. 이것은 아직 퇴계가 의춘에 오
기 전에 보낸 것인데, 퇴계가 진주에까지 왔는데도
만나지 못했으니, 두 학자가 서로 만나지 못한 것은
남명이 이른바 '하늘의 처분'이 조금은 가혹했던 듯
하다. 퇴계의 편지에 답한 「답퇴계서」의 첫머리에는
남명이 퇴계를 어떻게 생각하였는지를 살필 수 있는
내용이 담겨 있다.

제6장 당대 학자들과의 관계

하늘에 있는 북두성처럼 평소 우러러보았고, 책 속
에 있는 성현처럼 까마득히 만나기 어렵다고 생각했
습니다. 그런데 문득 간절한 뜻으로 깨우쳐 주신 편지
를 받고 보니, 저의 병통을 다스릴 약이 될 말씀이 넓고
도 많아 아침저녁으로 만나던 사이 같았습니다.130)

위의 두 편지를 보면 두 사람은 서로 그리워하며
만나보기를 열망하였던 듯하며, 특히 아래 편지에는
남명이 퇴계를 사모하는 마음이 간절히 나타나 있다.

그러나 두 사람은 이상에서처럼 좋은 관계만을
유지했던 것은 아니고, 다른 사람들이 인정하듯이 영
남의 좌우도를 대표하는 학자로 스스로 인식하고 경
쟁적 관계를 유지하고 있었던 것으로 보인다. 그런데
두 사람이 서로 만나보지도 못하고 죽게 되자 남명
은 다음과 같은 말을 남겼다고 한다. 다음 편지에는
살 날이 얼마 남지 않은 상황에서 퇴계를 만나지 못
한 초조함이 담겨 있다.

경오년에 남명은 퇴계가 돌아갔다는 말을 듣고 슬
픔을 못 이겨 눈물을 흘리며 말하기를 "나기도 같은
해에 났고 살기도 같은 도道에 살면서 70년을 두고 서
로 만나보지 못했으니 어찌 명命이 아니랴? 이 사람이
가버렸다 하니 나도 아마 가게 될 게다" 하였는데, 그
후 두 해가 지나서 임신년에 남명이 돌아갔다.131)

성호가 『성호사설』에 수록한 내용이다. 퇴계보다
2년 늦게 돌아간 남명이 퇴계가 돌아갔을 때, 한 말

남명의 인간관계

을 전하고 있다. 평생 경쟁적 위치에 있으면서 자의
반 타의반으로 애증을 함께 했던 사람의 죽음을 못
내 아쉬워하며, 자신의 죽음을 예감하는 이 글에는
남명이 퇴계를 얼마나 라이벌로 의식하고 있었던가
하는 것이 은근히 드러나 있다. 서로 경쟁적이면서도
서로 존중하고, 때로는 서로 비판하기도 하는 등 남
명 스스로 말한 바와 같이 운명적 관계였던 상대방
의 죽음 앞에 자신의 존재도 이제는 의미가 퇴색해
버린 탄식도 담겨 있다고 하겠다.

　　영남은 산수가 웅장하고 수려하여 맑은 기운이 사
람에게 모여 영준英俊한 선비가 된 이가 신라와 고려

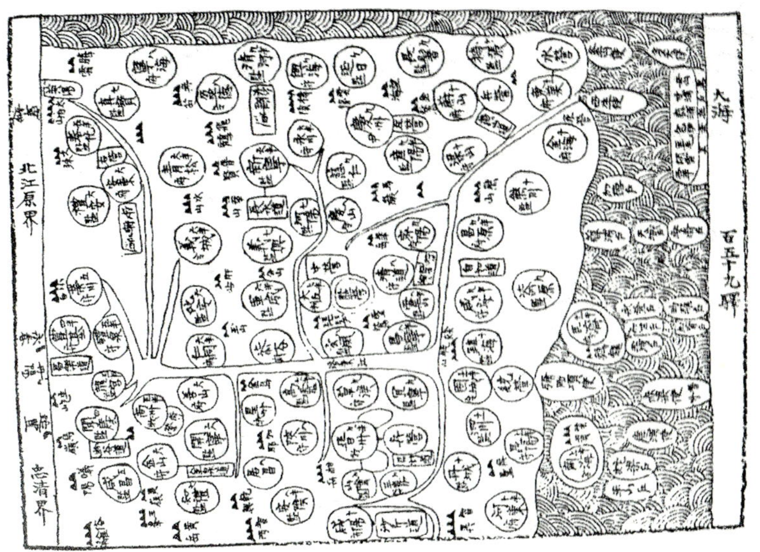

경상도 지도(『한국 삼재도회韓國 三才圖會』)

제6장 당대 학자들과의 관계

에서 성조聖朝에 이르기까지 손꼽아 셀 수 없으니, 땅
이 신령스러우면 인걸이 배출된다는 말이 과연 거짓
이 아니다.
　중종·명종 무렵의 문화의 성대함은 한당漢唐을 뛰
어넘어 삼대三代와 겨룰 만하였다. 이때 퇴계退溪와 남
명南冥 두 선생이 영남에서 가르침을 베풀었는데, 문하
에서 수업한 선비들이 나가서는 용처럼 드날려 세상
에 쓰여지고 들어앉아서는 자벌레처럼 움츠린 채 자
신을 연마하였으니, 그 유풍流風과 여운餘韻에 실로 감
발感發하여 흥기한 이가 있었다.132)

　순암이 부사浮査 성여신成汝信의 문집에 쓴 서문
의 내용이다. 부사는 남명을 사숙한 사람으로 그의
영향을 많이 받았던 인물이다. 특히 그의 지리산 유
람록에는 남명을 흠모하는 내용이 많이 담겨 있다.
순암이 부사의 이러한 위치, 즉 남명과의 관계를 염
두에 두고 쓴 글인데 퇴계와의 비교를 통해서 드러
내고 있다. 결과적으로는 퇴계와 남명이 영남에서 어
떠한 위치에 있었는지, 그 후학들이 어떠한 상태였는
지를 말하는 내용이 되었다. 여기에는 퇴계와 남명이
똑같이 영남에서 제자를 길러 그 유풍이 크게 진작
되었다는 것이다. 그러나 다음 글에는 남명에 대한
비판적 시각이 담겨 있다.

　조남명曹南冥은 퇴계退溪와 동시대의 인물인데, 남
명이 둔세遯世의 기상을 일찌감치 드러내면서 원래부
터 퇴계를 아래로 내려다본 반면에, 퇴계는 겸허한 자

남명의 인간관계

세로 자신을 지키면서 인물의 장단長短이나 시사時事
의 잘잘못을 절대로 입 밖에 꺼내지 않았다. 그런 가운
데에서도 퇴계는 오직 이단을 배격할 때만은 한 번도
물러서거나 양보한 적이 없었는데, 비록 선배인 명유
名儒라 할지라도 그 주장에 혹 지나친 점이 있어서 이
단으로 흐를 염려가 있을 때에는 반드시 자신의 힘을
다하여 분석하고 절충折衷하곤 하였으니, 가령 서화담
(徐花潭 : 서경덕徐敬德)이나 박송당(朴松堂 : 박영朴英)의 학
술에 대해서는 사람들이 감히 의논하지 못했는데도
퇴계가 그냥 놔두지 않고 비판을 가한 것이 그 하나의
예라고 하겠다.
　　하지만 남명에 대해서는, 퇴계가 보기에 그의 논의
와 기습氣習이 뒷날 폐단을 빚게 될 걱정이 없지 않다고
여겨졌기 때문에, 부득이 대략적으로나마 지적하여 바
로잡는 말을 하지 않을 수가 없었으니, 이른바 "기이한
것을 숭상하고 좋아하는 것은 중도中道에 합치되기가
어렵다"라고 한 것이 그것이다. 그러나 이것은 어디까
지나 진정한 도道가 행해지지 않게 될까 염려했기 때문
으로서, 현자賢者가 지나친 나머지 혹시라도 다른 길로
흘러 들어가지나 않을까 걱정하는 마음에서였다.133)

택당 이식이 남명과 퇴계를 비겨 논한 내용이다.
퇴계를 겸허하였지만, 이단을 배격할 때는 양보가 없
었다고 하였다. 그리고 남명에 대해서는 기이한 것을
숭상하고 좋아하는 점을 배격하였다고 하였다. 택당
의 이러한 논의는 상당히 퇴계를 비교 우위에 두고
한 말이다. 남명이 퇴계를 내려다보았지만, 퇴계는
겸허하여 절대로 인물의 장단 시사의 잘잘못을 절대
입밖에 꺼내지 않았다고 했다. 퇴계는 이단을 배격할

제6장 당대 학자들과의 관계

때 단호하여, 남명의 논의와 기습이 후대에 폐단을
빚게 되어 부득이 바로 잡는 말을 하였다는 것이다.
하지만 후대의 자료와 후인들의 전언을 보면, 비록
이단을 배격하는 측면에서 이루어진 것이라고는 하
지만, 퇴계가 남명에 대해 상당히 적극적으로 비판을
하였던 것을 볼 수 있다. 다음 글에서는 이러한 면모
를 보다 더 잘 살펴볼 수 있다.

황금계(黃錦溪 : 황준량黃俊良)가 퇴계退溪에게 상서하
여, 남명南冥이 의리에 통달하지 못한 점이 어디에 있
느냐고 논하자, 퇴계는 답하기를 "이 사람들은 흔히
노·장老莊에 병들어 우리 유학에 대해서는 으레 깊지
못한데, 어찌 그 통달하지 못함을 괴이히 여기겠는가?
요는 그 장점만을 취하는 것이 마땅하다" 하였다.
부제학 개암開岩 김우굉金宇宏이 이 서한을 얻어 보
고 크게 놀라서 마침내 퇴계에게 글을 올려 말하기를
"남명 선생은 우도右道에서, 선생은 좌도에서, 해와 달
같은 존재로 다 사문斯文을 흥기시키는 것을 자기 소
임으로 삼고 계시니, 선비의 기습이 일변하여 도道에
이를 수 있음이 마치 하河에서 물 마시고 배를 채우는
것과 같아, 비록 경경硜硜한 소인일지라도 말이 미덥고
행실이 과감합니다. 조 선생으로 말하오면 더욱이 아
래서부터 배워 올라가는 것을 주로 삼아서, 항상 말씀
하기를 '학學이라 하면 어버이를 섬기고 형을 따르는
데 벗어나지 않는다. 만약 이를 힘쓰지 않는다면 바로
인사상人事上에서 천리天理를 구하지 않는 것이니 끝내
소득이 없을 것이다' 하여 한 마디 말도 허무虛無에 가
까운 점이 없었는데 지금 말씀하기를 '노·장이 병이
되어 학문이 깊지 못하다' 하시니, 문하의 소자小子는

남명의 인간관계

망령되이 생각하기를, 학문이란 인륜人倫의 일용행사에서 벗어나지 아니하므로 마음을 보존하여 살피고 또 살펴서 그 일에 익숙한 뒤라야 실지 소득이 된다고 생각합니다. 감히 여쭈노니 우리의 학문이 이 밖에 어디 있사옵니까? 지금 선생께서 거리낌 없이 저척詆斥하시어, 심지어는 이단異端에 비하는 지경에까지 이르시니, 아마도 선생의 크신 도량에 손상될 듯합니다. 원컨대 개유를 주시어 심한 의혹을 풀어주소서" 하자, 퇴계는 답하기를 "나는 모某를 너무도 앙모하는 처지인데 어찌 감히 기탄없이 비난할 이치가 있겠는가? 다만 입에 넘치는 예찬을 잘 못하는 까닭으로 하유下惟의 평評과 미순未醇의 논이 있게 된 것이다" 하였다.

대개 퇴계가 남명에 대하여 허여許與를 아낀 것이 한 마디 말만이 아닌데 남명은 한 구절도 퇴계에 언급한 바가 없었으니, 비단 퇴계만 덕이 순수하여 하자瑕疵가 없을 뿐 아니라 남명도 한 점의 시기나 혐오가 없었다는 것을 볼 수 있으니 족히 법을 삼을 만하다. 정한강鄭寒岡은 말하기를 "남명이 어찌 동방에 재생할 인걸人傑이겠는가?" 하였고, 이율곡李栗谷은 말하기를 "세도世道를 만회한 공은 아마도 동방 제자諸子의 아래에 있지 않을 것이다" 하였거니와, 그 천 길의 벽壁이 우뚝이 서 있는 기상 같은 것은 탐욕한 자로 하여금 청렴하게 하고, 나약한 자로 하여금 일어서게 하니 이른바 백세의 스승이라 하겠다. 혹자는 퇴계의 평으로 인하여 마침내 이르기를 "유가儒家의 유류流가 아니요 바로 처사處士 중에 협기俠氣가 있는 자이다" 하였으니, 역시 가소로운 일이라 하겠다.134)

성호는 퇴계가 남명을 노장에 병들었다고 직접적으로 비판하였음을 밝혔다. 하지만, 성호는 정한강이나 이율곡 등의 말을 들어 남명이 우리나라에 다시

제6장 당대 학자들과의 관계

나기 어려운 인물이며, 그리고 세도를 만회한 공이 누구보다 크다고 했다. 『퇴계집』에도 남명에게 보내는 편지가 3편 있고, 『남명집』에는 퇴계에게 보내는 글이 3편 있다. 하지만 남명은 퇴계에 대해 말을 아꼈지만, 다음 글은 퇴계를 우회적으로 비판한 내용으로 볼 수 있다.

　　스스로 말하기를, "나는 고문을 배웠으나 성취하지 못했고, 퇴계退溪의 글은 본시 금문今文이니, 비유하면, 나는 비단을 짜다가 필匹을 이루지 못하여 세상에 쓰이기에 어렵고, 퇴계는 포목을 짜서 필匹이 되었으니 쓰일 수 있는 것이다" 하였다.135)

이 내용은 『성호사설』에도 인용되어 "조남명曹南冥 선생의 지은 글이 심히 특이하므로 퇴계退溪는 그 계부당鷄伏堂 등의 명銘을 보고서, '남화서南華書 가운데서도 일찍이 이런 것은 보지 못했다' 하였으니, 이는 대개 기롱한 것이다. 남명南冥이 일찍이, '내 글은 비단을 짜서 필匹을 이루지 못한 것이요, 퇴계의 글은 포목을 짜서 필을 이룬 것이다' 하였으니 역시 스스로 알았던 모양이다"136)라고 하였다. 이상을 보면 성호가 남명과 퇴계의 자신들의 글에 대한 공방을 정리한 내용이라 할 수 있다.

　　퇴계는 평소 은퇴할 뜻이 있었으니, 비록 여러 조정에 은총을 받아 높은 품계에 이르렀으나, 그의 뜻은 아니었다. 일찍이 아들 준寯에게 경계하기를, "비석을

남명의 인간관계

세우지 말고 다만 작은 돌에 전면에 '퇴계만은 진성이
공지묘退溪晩隱眞城李公之墓'라고 쓰라" 하였다. 남명南
冥 조식曺植이 듣고 냉소하며 말하기를, "퇴계는 이 호
칭을 감당하기에 부족하다. 우리같은 사람도 은사隱士
라고 칭하기에 오히려 부끄러움이 있다" 하였다.137)

이긍익이 『연려실기술』에서 『동각잡기』의 내용을
인용한 것으로, 퇴계가 은사라는 호칭을 쓴 것을 호
되게 비판한 내용이다.

이상에서 남명과 퇴계의 직접적인 언급을 중심으
로 남명과 퇴계 두 사람의 관계를 살펴보았다. 다음
에서는 이 두 사람에 대해 후대의 사람들이 어떻게
평가하였던가를 살피면 당시 두 사람의 위상에 대한
개념을 정확하게 인지할 수 있을 것으로 보인다.

남명 조曺 선생은 과거를 거치지 않고 벼슬에 제수
되었으나 곧 사퇴하였는데, 한낱 낮은 벼슬에 지나지

산천재 현판

않았다. 그러나 그가 병이 나서 급하므로 감사가 장계를 올려 아뢰자, 어의御醫를 보내어 약을 가지고 가서 간호하게 하였고, 급기야 작고하자 특례로 대사간大司諫을 증직하였다. 그를 예우함이 이토록 극진하였으니 족히 한 세상을 풍동風動할 만하다. 진실로 그런 분이 아니었다면 또 어찌 이와 같은 일이 있었겠는가? 상론자尙論者들이 모두 벽립만인壁立萬仞으로 공을 지목하는 것은 바로 이 때문이다.

나는 그의 뇌룡명雷龍銘·계부명鷄伏銘을 보고서 그 사람됨을 상상해보았거니와, 또 그의 시에,

청컨대 천석의 종을 좀 보소,
크게 치질 않으면 소리가 안나.
더더구나 만고의 천왕봉이랴,
하늘이 울려도 울지 않거든.

請看千石鍾, 非大叩無聲.
萬古天王峯, 天鳴猶不鳴.

이라 하였으니, 이 얼마나 놀라운 역량과 기백인가? 비록 퇴계退溪의 일월춘풍一月春風과는 비교해 논할 수 없겠지만, 사람으로 하여금 심담心瞻이 저절로 부풀게 한다.138)

퇴계의 시를 일월춘풍에 비긴 것은 송나라 때의 주광정朱光庭이 처음

현재 산천재에 걸려 있는 「제덕산계정시題德山溪亭詩」

140

남명의 인간관계

정명도程明道에게 배우고 돌아와서 사람에게 말하기를, "한 달을 봄바람 속에 앉아 있었다"라고 한 고사를 인용한 것이다. 학자로서의 퇴계를 높이 평가한 것이라 하겠다. 그러나 남명은 퇴계의 이러한 학자적인 풍모 이외에 큰 기백을 가진 것으로 역시 높이 평가하였다.

2. 이 사람은 그 숙부보다 낫습니다

남명이 특히 절친하게 지냈던 삼족당三足堂 김대유(金大有, 1479~1552)는 벗으로 사귄 것처럼 되어 있으나, 삼족당이 연상으로 21살이라는 나이 차이를 감안할 때, 일반적인 경우와 마찬가지로 벗으로 지내기는 어려웠을 것으로 생각된다. 남명은 처음 삼족당을 보았을 때 그가 천하의 참된 선비라고 믿었고, 이런 마음은 그가 일찍 죽을 때까지 변함이 없었다고 한다. 권별의 『해동잡록』에서는 이 사실에 대해 "처음부터 끝까지 삼족당 김대유 선생과의 사귐이 깊어서 천하의 참된 선비라고 믿었다"[139]라고 하였다.

남명이 삼족당과 맺었던 이같은 의리는 삼족당을 감동시켰다. 삼족당은 죽어가면서도 남명의 가난을 걱정하고 그를 도와주려 하였다. 그래서 유언하기를 해마다 나는 곡식 가운데 얼마씩을 남명에게 보내주도록 하였다.

『남명총록』에 의하면 "삼족당三足堂 김대유金大有가 집이 부한데, 그가 죽음에 선생이 가서 보니, 삼족이 선생의 가난함을 염려하여, 유언으로 여러 자식들에게 명령하여 약간의 곡식을 드리니, 선생이 받지 않고, 시를 주어 말하기를, '사마광에 있어서도 그의 벗 유서가, 곤궁할 때 주는 쌀을 받지 않았다더구나. 호안국은 죽을 때까지 가난을 말하지 않았다지' 하였다"[140)]라고 하였다.

그러나 김대유의 이러한 유언을 남명은 받지 않았지만, 김대유의 마음을 읽은 남명은 다음과 같은 시를 남겼다.

사마광司馬光(『삼재도회三才圖會』)

사마광司馬光한테서도 또한 받지 않았으니,
그 사람이 바로 유도원이라.
이 때문에 호강후는,
죽을 때까지 가난을 말하지 않았다네.[141)]

남명은 유도원이 사마광에게 도움을 받지 않고 거절했던 것을 들어 자신이 김대유가 유언으로 한 말을 거절하였다. 유도원은 송나라 때의 학자 유서를 말하는데, 그

142

남명의 인간관계

는 총명하고 사학을 매우 좋아하였다고 한다. 사마광이 『자치통감』을 저술하다가 복잡하여 처리하기 귀찮은 곳을 만나면, 그에게 맡겨 처리하도록 하였다. 그는 집이 매우 가난하여 겨울에도 추위를 막을 의복이 없었다. 그가 하직하고 남쪽으로 갈 때 사마광이 옷 몇 가지를 주었더니 받지 않으려고 했다. 사마광이 굳이 건네주자, 받아가지고 영주에 이르러서 봉하여 돌려보냈다.

유도원이 옷을 사양한 것은 그의 청렴을 나타낸 것이기도 하지만, 그보다는 사마광이 자신을 알아주던 마음 하나만으로도 모든 것을 보상하기에 충분하였던 것이다. 즉 마음을 허여하는 것이 중요한 것이지 외물을 주고받는 것은 큰 의미가 없다고 본 것이다. 남명이 김대유가 죽어가면서 베푼 호의를 거절한 것도 바로 이러한 마음에서였다. 그래서 남명은 이 고사를 이끌어다가 자신의 뜻을 밝힌 것이다.

일찍이 그 친구 삼족당三足堂 김대유金大有의 갈명碣銘을 지었는데, 다음과 같다. "노부老夫가 남을 보증하는 일이 대개 적은데, 유독 공에게만은 천하의 사士로써 허여한다. 갑甲이 보기에는 엄박한 대아大雅로 토론討論하고 경륜하는 큰 유자儒者일 것이요, 을乙이 보기에는 석대한 장신長身으로 사어射御에 서툴지 아니한 호사豪士일 것이다. 홀로 서당書堂에 처하여 길게 노래하고 느리게 춤추어, 집안사람도 그 뜻을 엿볼 수 없으니, 이는 본 성품에 즐거움이 있어 영가詠歌·무도舞蹈하는 때요, 산수山水에 몸을 맡겨 낚시질하고 사냥하

제6장 당대 학자들과의 관계

삼족당三足堂 김대유金大有의 묘소

여, 당시 사람들이 오히려 방탕한 자로 인식하니, 이는 세상에 은둔隱遯해도 답답함이 없어 침명沈冥하고 도회韜晦하는 일이다. 우리 동덕同德자들로부터 본다면, 국량이 크고 깊은 것은 힘쓰는 그 인仁이요, 언론이 격렬하고 발월發越한 것은 굳센 그 의義이다. 선善을 좋아하여 스스로 선善한데 그치고, 홍제弘濟하여 자제自濟하고 말았으니, 운명이냐? 때를 잘못만난 탓이냐?" 이 한 편으로도 역시 그 대략을 볼 수 있는 것이다.142)

『남명집』에 있는 「선무랑 호조좌랑 김공 묘갈」의 명 부분을 성호가 인용하여 남명과 삼족당의 친분 관계를 보여주려 한 내용이다. 남명이 남을 인정하는 일이 드문데, 유독 삼족당만은 '천하사'로 허여하였다는 것이다. 남명이 스스로 하는 말을 인용한 것이니, 남명의 본심이 윤색가감 없이 그대로 온존되어 있다고 하겠다. 『남명집』에는 또 삼족당에 대해 남명이 어떻게 생각하였나 하는 내용이 담긴 편지가 있다.

남명의 인간관계

그 고을에 좌랑 김대유가
있었는데, 일찍이 그 지방 사람
들에게 은택을 끼쳤습니다. 그
래서 그 고장 사람들이 동창에
다 사당을 세워 그 은혜에 보
답하려고 하니, 어찌 단지 진나
라 사람들이 개지추를 추모해
삼월 한식날 찬밥을 먹는 정도
일 뿐이겠습니까? 또한 어찌
동네의 선생이 죽으면 사에 제
사할 수 있다는 정도일 뿐이겠
습니까? 후세에 이 사람에게
제사를 지내주지 않는 것이 부
당함을 항상 한스러워했습니
다. 이제야 사당을 세우는 자가
있게 되었으니, 귀군에 지역 사
회에서 명예를 좋아하는 자가
있어 창도해 일으킨 것입니다.143)

삼족당三足堂 김대유金大有의 비

이 때 고을원은 이유경李有慶으로 교리校理 이연경
李延慶의 형인데, 이 연경은 남명의 어렸을 적 친구인
동고 이준경의 종형이다. 이 편지에서는 남명은 "원
길과는 어려서부터 친구 사이입니다"라고 밝혔다.

이 편지는 이유경이 청도의 고을원으로 있을 적
에 그 곳 지방 사람들이 김대유와 그의 숙부인 탁영
김일손을 함께 사당을 세워 제사지내려고 하는 일에
대해 의론을 한 것이다. 편지에는 사당을 세우는 장
소, 누구를 배향할 것인가 하는 문제, 사당을 세우는

일로 감사의 허락을 맡는 일 등에 대해 말하고, 또한 김대유의 비석을 세우는 일 등에 대한 부탁도 있는 데, 여기에는 또 남명이 김대유를 어떻게 생각하였는 지를 살필 수 있는 내용이 포함되어 있다.

> 탁영 선생이 바로 이 사람의 숙부입니다. 탁영선생은 살아서는 송죽 같은 절개가 있었고, 죽어서는 하늘에 사무치는 원통함이 있었으니, 참으로 탁영 선생을 먼저 모시고 이 삼족당을 배향해야 합니다. 삼족당은 경세제민할 수 있는 능력을 넉넉히 가지고 있었으며, 평생 한 점의 흠도 없었습니다. 다만 그 땅에서 태어나 그 땅에서 죽었기 때문에 사람들이 견문을 통해 감동을 불러일으키는 점에 있어서는 혹 탁영보다 못할 것입니다. 그러나 요즘 사림의 의론으로 기준을 삼는다면 조카가 숙부보다 낫습니다.144)

탁영濯纓 김일손金馹孫은 남명도 여러 곳에서 김굉필金宏弼 등과 함께 선현으로서의 깍듯한 예모를 보인 인물이다. 실제 탁영이 유학사에 남긴 족적은 매우 크다고 하겠다. 삼족당은 바로 그런 탁영의 조카였다. 그런데 남명은 비록 요즈음 사림의 의론으로 기준을 삼는다면 이라는 전제를 달기는 했지만, 조카인 삼족당이 숙부인 탁영보다 낫다고 하였다.

그만큼 삼족당은 실천궁행에 충실했던 학자였다. 남명이 삼족당을 유독 높이 평가하고 좋아했던 까닭에는 남명이 추구하던 실천적 학문을 몸소 보여준 인물이었기 때문이라 하겠다.

남명의 인간관계

제7장
맺음말

　　이상에서 남명의 인간관계를 살펴보았다. 우선 가족에서부터 시작하여 제자, 벗, 임금 및 권귀, 당대의 학자들에 이르기까지 다양한 사람들과 남명이 맺었던 관계를 유지하였던 일은, 복잡다단하게 얽혀서 살아가는 오늘의 우리에게 시사하는 바가 크다고 하겠다.

　　남명은 가족관계에 있어 특히 부모에게 효성이 지극하였다. 남명의 효성은 그가 유일로 최초로 천거될 때, 평가의 근거가 되기도 하였다. 그리고 아우들과 우애있게 지냈고, 특히 재산 문제에 있어서는 아우들에게 좋은 것을 우선적으로 주었다고 하였다. 처자에게는 겉으로는 엄격하였으나, 속마음은 매우 따듯하였다고 한다. 아들 차산이 일찍 죽었을 적에는 크게 가슴아파하였다. 그의 가족사랑은 효도와 우애,

그리고 부부유별, 부자유친의 그것을 실천적으로 보여주는 것이었다.

남명은 많은 벗을 사귀지는 않았지만, 그와 교유하던 사람들은 모두 당대의 명사들이었다. 젊어서 사귄 사람 가운데에는 동고 이준경과 같이 높은 벼슬을 한 사람도 있었으나, 나이가 들면서 현실과 거리를 두면서도 그가 사귄 사람들은 모두 당대의 유일로 이름을 날린 사람들이었다. 아주 짧은 기간의 만남이었지만 성제원와는 깊은 우정을 나누었고, 성운에 대해서는 세상을 떠나 속리산에 은거하며 살아가는 것을 높이 쳤다. 그러나 구암 이정과 같이 깊은 우정을 유지하다가도 뒤에 서로 절교를 하기에 이른 경우도 있었다. 세상을 피해 사는 사람을 가까이 하고 높였으며, 사람 사이에 있어 신뢰를 가장 중요한 것으로 생각하였다. 그래서 기생과의 약속이라 해도 어겨서는 안 된다고 하였다.

임금 및 권귀와는 결코 가까이 가려고 하지 않았다. 남명은 명종 때 유일로 천거된 뒤로 여러 차례 벼슬을 받았지만, 실제 벼슬길에 나아간 적이 없다. 1555년 을사년에는 단성현감으로 임명되었지만, 사직소를 올려 자신이 벼슬에 나아가지 못하는 이유를 말하였다. 이 논문은 주지하다시피 당시 조야에 큰 파장을 불러 일으켰다. 이 사직소를 어떻게 처리할 것인가를 두고 임금과 사신史臣, 승지와 대간들 그리

남명의 인간관계

고 당시의 학자들 사이에 뜨거운 논란이 벌어졌다. 남명의 과격하고 직설적인 표현이 문제가 되었다. 남명이 이처럼 임금을 비판하기도 하였지만, 그는 누구보다도 임금을 위하는 마음이 컸다. 그는 다른 사람들이 까마득하게 잊고 지내는 임금의 기일을 기억하고, 이날 술과 노래를 즐기려는 사람들을 제지하기도 하였다.

남명의 제자 사랑은 지극하였던 것으로 보인다. 남명은 제자들을 경의로 가르쳤으며, 실천적으로 가르쳤다. 남명은 제자들의 기량과 능력에 따라 맞춤식 교육을 행하였고, 제자들에게 자신의 뜻을 보다 잘 전달하기 위해 매우 적적한 비유를 방법으로 삼았다. 이러한 남명의 교육은 약포 정탁과 같은 사람들에게 큰 영향을 미쳤다. 정탁이 오랑캐와의 화의를 반대하다가 자신의 뜻이 받아들여지지 않자 할복을 했던 것도 남명의 가르침이 큰 밑거름이 되었던 것이다. 그는 특히 손녀 사위이기도 한 김우옹에게는 여러 통의 편지를 보내어 당시의 학자들이 입으로만 천리를 말한다고 하며, 선현의 가르침을 실천적으로 행할 것을 강조하기도 하였다.

남명이 당대의 학자들과 어떻게 지냈던가를 살피는 일도 유익한 것이다. 남명은 당시의 대표적인 선비의 한 사람인 기대승과는 별로 좋은 관계를 유지하지 못하였던 것으로 보이지만, 퇴계와는 서로 존경하고 만나고 싶어하는 마음을 가지고 있었다. 다만, 남명과 관련한 몇 가지의 일에 대해 퇴계는 옳지 않다고 하는 생각을 가지고 있었으며, 이러한 면모는 후대 사람들에 의해 부풀려져서 남명과 퇴계 사이에 큰 문제가 있는 것처럼 보이기도 하였다. 남명은 특히 지족당 김대유를 당대 학자 가운데 아주 뛰어난 사람으로 평가하고 있다. 심지어는 김대유를 숙부인 김굉필보다 훌륭한 인물이라 하는 데에 이르기까지 하였다.

남명은 여러 유형의 사람들과 관계를 맺음에 있어 선현들의 가르침을 실천적으로 적용하였던 것으로 보인다. 그래서 어떤 경우에는 상대의 잘못을 바로잡는 일을 서슴지 않아 원망을 사기도 하였으며, 아주 심한 경우에는 의절하기도 하였다. 자신이 말을 함으로써 상대에게 비난을 듣는 것은 물론 10여 년 동안이나 고통을 받기도 하였지만, 그는 잘못을 바로잡는 일을 소홀히 한 적이 없는 것으로 보인다.

명종으로부터 처벌을 받을 뻔하였고, 벗이었던 구암 이정과 의절을 하였고, 후배 학자 기대승과 서로 비난하였고, 이언적 및 퇴계 제자들에게 좋지 않은 평가를 받았던 것은 모두 그가 옳지 않은 일을 바로잡으려 하던 것에서 비롯된 것이었다. 그는 이처럼 아무리 친하고 아무리 존귀한 사람이라 하더라도 잘못된 점이 있으면 그것을 묵과하지 않고 지적하는

남명의 인간관계

용기를 가졌다. 이것이 바로 남명의 학문이 실천을 중시하였다는 증거이며, 이러한 점은 인간관계를 논함에 있어 다시 실증이 되는 것이라 하겠다.

사람들과의 바람직한 관계를 머리로는 알고 있지만, 행실은 따로 노는 이율배반적인 오늘날의 인간관계는 남명의 인간관계에 비추어 부끄러운 점이 많다.

1장 註

1) 宋時烈, 『宋子大全』 권139 「海峯集序」.
2) 權鼈, 『海東雜錄』 권3(이하 번역은 정우락, 『남명 설화 뜻풀이』에 수록된 것을 인용함).
3) 曺植, 『南冥集』 附錄 『南冥先生言行總錄』(이하 번역은 김해문화원 번역본을 따름).
4) 權鼈, 『海東雜錄』 권3
5) 曺植, 『南冥集』 附錄 『南冥先生言行總錄』(이하 번역은 김해문화원 번역본을 따름).
6) 曺植, 『南冥集』 附錄 『南冥集編年』(이하 번역은 정우락, 『남명설화 뜻풀이』를 따름).
7) 曺植, 『南冥集』 附錄 『南冥先生言行總錄』.
8) 위와 같음.
9) 위와 같음.
10) 위와 같음.
11) 위와 같음.
12) 위와 같음.
13) 위와 같음.
14) 위와 같음.

2장 註

15) 權鼈, 『海東雜錄』 권3.
16) 成運, 『大谷集』 下 「南冥先生墓碣」(이하 번역은 남명학연구원 편, 『남명선생의 자취를 따라』를 따름).
17) 『論語』 권9 「陽貨」.
18) 『論語』 권8 「泰伯」.
19) 『孝經』 「開宗明義章」 第1.
20) 成運, 『大谷集』 下 「南冥先生墓碣」.
21) 曺植, 『南冥集』 附錄 『南冥先生言行總錄』.
22) 위와 같음.
23) 曺植, 『南冥集』 附錄 『南冥集編年』.

남명의 인간관계

24) 위와 같음.
25) 權鼈, 『海東雜錄』 권3.
26) 成運, 『大谷集』 下 「南冥先生墓碣」.
27) 權鼈, 『海東雜錄』 권3.
28) 成運, 『大谷集』 下 「南冥先生墓碣」.
29) 『論語』 「爲政」(이하 번역은 金都鍊, 『朱註 今釋 論語』를 따름).
30) 曺植, 『南冥集』 附錄 『南冥先生言行總錄』.
31) 『명종실록』 권14(탐구당 영인본 20집, 76면).
32) 『명종실록』 권14(탐구당 영인본 20집, 94면).
33) 安鼎福, 『順庵集』 권9 「아우와 아들에게 답하다」(이하 번역은 민족문화
   추진회 번역본을 따름).
34) 曺植, 『南冥集』 附錄 『南冥先生言行總錄』.
35) 安鼎福, 『順菴集』 권9 「아들 학에게 써 준 글」.
36) 曺植, 『南冥集』 附錄 『南冥先生言行總錄』.
37) 위와 같음.
38) 成運, 『大谷集』 下 「南冥先生墓碣」.
39) 曺植, 『南冥集』 附錄 『南冥集編年』.
40) 위와 같음.

3장 註

41) 權鼈, 『海東雜錄』 권3.
42) 成運, 『大谷集』 下 「南冥先生墓碣」.
43) 曺植, 『南冥集』 附錄 『南冥先生言行總錄』.
44) 위와 같음.
45) 李肯翊, 『燃藜室記述』 권11 「明宗朝故事本末」, 「明宗朝의 遺逸 曺6植」.
46) 李珥, 『栗谷全書』 拾遺 권3 「證李景魯布參序」.
47) 朴趾源, 『燕巖集』 권8 「放璃閣外傳 自序」.
48) 朴趾源, 『燕巖集』; 정우락, 『남명 설화 뜻풀이』, 남명학연구원, 99쪽에서
   인용.
49) 許捲洙, 『절망의 시대, 선비는 무엇을 하는가』, 한길사, 2001.
50) 安鼎福, 『順庵集』 권13 「橡軒隨筆」 下.
51) 李植, 『澤堂集』 別集 권15 「雜著」.
52) 成運, 『大谷集』 下 「南冥先生墓碣」.
53) 曺植, 『南冥集』 「與成大谷書」.

54) 위와 같음.

55) 李植, 『澤堂集』別集 권15 「雜著」.

56) 曺植, 『南冥集』 「遊頭流錄」.

57) 정우락, 『남명 설화 뜻풀이』, 남명학연구원, 2001, 43쪽.

58) 柳夢寅, 『於于野談』 ; 정우락, 『남명 설화 뜻풀이』, 98쪽에서 재인용.

59) 李肯翊, 『燃藜室記述』 권11 「明宗朝故事本末」, 「明宗朝의 遺逸 曺植」.

60) 위와 같음.

4장 註

61) 『중종실록』 권93(탐구당 영인본 18집, 401면).

62) 『명종실록』 권13(탐구당 영인본 20집, 76면).

63) 『명종실록』 권13(탐구당 영인본 20집, 103면).

64) 『명종실록』 권14(탐구당 영인본 20집, 127면).

65) 위와 같음.

66) 『명종실록』 권14(탐구당 영인본 20집, 129면).

67) 『명종실록』 권14(탐구당 영인본 20집, 132면).

68) 위와 같음.

69) 위와 같음.

70) 李肯翊, 『燃藜室記述』 권11 「明宗朝故事本末」, 「明宗朝의 遺逸 曺植」.

71) 『명종실록』 권19(탐구당 영인본 20집, 303면).

72) 위와 같음.

73) 위와 같음.

74) 위와 같음.

75) 위와 같음.

76) 위와 같음.

77) 『명종실록』 권19(탐구당 영인본 20집, 305면).

78) 위와 같음.

79) 위와 같음.

80) 위와 같음.

81) 위와 같음.

82) 위와 같음.

83) 『명종실록』 권20(탐구당 영인본 20집, 326면).

84) 위와 같음.

85) 위와 같음.

86) 『명종실록』 권25(탐구당 영인본 20집, 536면).

87) 위와 같음.

88) 정우락, 『남명 설화 뜻풀이』, 남명학연구원, 2001, 39쪽.

89) 李肯翊, 『燃藜室記述』 권11 「明宗朝故事本末」, 「明宗朝의 遺逸 曹植」.

90) 尹國馨, 『聞韶漫錄』 ; 정우락, 『남명 설화 뜻풀이』, 37쪽에서 재인용.

91) 『명종실록』 권13(탐구당 영인본 20집, 76면).

92) 曹植, 『南冥集』 附錄 『南冥先生言行總錄』.

93) 경남 산청군 일대의 구전설화 ; 정우락, 『남명 설화 뜻풀이』, 95쪽에서
    재인용.

94) 成運, 『大谷集』 下 「南冥先生墓碣」.

95) 曹植, 『南冥集』 附錄 『南冥先生言行總錄』.

96) 曹植, 『南冥集』 「解關西問答」.

97) 曹植, 『南冥集』 「解關西問答」. 남명이 회재에게 보낸 편지라 하여 이
    글 가운데 회재에게 보낸 것이라 한 부분만 실려 있는데, 아마도 이곳
    에 있는 것을 전재한 것으로 보인다.

98) 柳夢寅, 『於于野談』 ; 정우락, 『남명의 뜻풀이』, 80쪽에서 재인용.

99) 曹植, 『南冥集』 附錄 『南冥先生言行總錄』.

100) 趙錫周, 『白野紀聞』 ; 정우락, 『남명 설화 뜻풀이』, 77쪽에서 재인용.

5장 註

101) 李瀷, 『星湖僿說』 권28 「詩文門」, 「鄭仁弘詩」.

102) 위와 같음.

103) 李植, 『澤堂集』 別集 권15 「雜著」.

104) 『中庸』 第10章.

105) 이상 모두 『論語』 「爲政」편에 나란히 보임.

106) 남명 曹植, 『南冥集』 附錄 『南冥先生言行總錄』.

107) 위와 같음.

108) 위와 같음.

109) 曹植, 『南冥集』 附錄 『南冥先生言行總錄』.

110) 權鼈, 『海東雜錄』 권3.

111) 李肯圭, 『燃藜室記述』 권18 「宣祖朝故事本末」, 「宣祖朝의 相臣」.

112) 曹植, 『南冥集』 附錄 『南冥先生言行總錄』.

113) 權鼈, 『海東雜錄』 권3.

114) 曹植, 『南冥集』 附錄 『南冥先生言行總錄』.

제7장 맺음말

115) 李瀷, 『星湖僿說』 권9 「人事門」, 「退溪南冥」.
116) 曺植, 『南冥集』 附錄 『南冥先生言行總錄』.
117) 安鼎福, 『順庵集』 권8 「남종백南宗伯 한조漢朝에게 답하다」.
118) 曺植, 『南冥集』 附錄 『南冥先生言行總錄』.
119) 위와 같음.
120) 위와 같음.
121) 위와 같음.
122) 위와 같음.
123) 위와 같음.
124) 위와 같음.
125) 위와 같음.
126) 權鼈, 『海東雜錄』 권3.
127) 위와 같음.
128) 정우락, 『남명 설화 뜻풀이』, 남명학연구원, 2001, 200쪽.

6장 註

129) 曺植, 『南冥集』 「與退溪書」.
130) 曺植, 『南冥集』 「答退溪書」.
131) 李瀷, 『星湖僿說』 권9 「人事門」, 「退溪南冥」.
132) 安鼎福, 『順庵集』 권18 「浮查集序」.
133) 李植, 『澤堂集』 別集 권15 「雜著」.
134) 李瀷, 『星湖僿說』 권9 「人事門」, 「退溪南冥」.
135) 權鼈, 『海東雜錄』 권3.
136) 李瀷, 『星湖僿說』 권30 「詩文門」, 「南冥先生文」.
137) 李肯翊, 『燃藜室記述』 권18 「宣祖朝故事本末」, 「宣祖朝의 儒賢」.
138) 李瀷, 『星湖僿說』 권30 「詩文門」, 「南冥先生詩」.
139) 權鼈, 『海東雜錄』 권3.
140) 曺植, 『南冥集』 附錄 『南冥先生言行總錄』.
141) 曺植, 『南冥集』 附錄 『南冥集編年』.
142) 李瀷, 『星湖僿說』 권30 「詩文門」, 「南冥先生文」.
143) 曺植, 『南冥集』 「與淸道倅書」.
144) 위와 같음.

남명의 인간관계

저자 약력

1957년 경기 남양주 출생
국민대학교 한문학과 졸업
한국정신문화연구원 부설 한국학대학원 졸업
성균관대학교 대학원 한문학과 박사학위 취득
국민대 강사, 성균관대 강사
중국 무한대학 방문학자
영국 쉐필드대학 방문교수
현 경상대학교 인문대학 한문학과 교수

논문

『서정한시의 의미표출 양상에 관한 연구』(성균관대학교 박사학위 논문) 외 다수

역서

『詩話叢林』 상·하, 까치, 1993(공역)
『朝鮮賦』, 까치, 1994
『漢文文體論研究』, 아세아문화사, 2000
『國譯 南冥集』, 한길사, 2001(공역)
『大東韻府群玉』 1-10책, 소명출판, 2003(공역)
『천중절에 부르는 노래-단오』, 민속원, 2003
『동류수에 머리 감고-유두』, 민속원, 2004
『은하수에 막힌 사랑-칠석』, 민속원, 2004
『효행록』, 경인문화사, 2004
『달아 달아 밝은 달아-추석』, 민속원, 2005
『임이여! 하수를 건너지 마오』, 보고사, 2005 외 다수

저서

『우리 古典 名文選』, 高麗苑미디어, 1995
『漢詩의 意味構造』, 法仁文化社, 1996
『漢詩와 四季의 花木』, 敎學社, 1997 외 다수.

남명의 인간관계

인   쇄 / 2006년 7월 5일
발   행 / 2006년 7월 15일
저   자 / 윤 호 진
발 행 인 / 한 정 희
편   집 / 장 호 희
발 행 처 / 경인문화사
주   소 / 서울특별시 마포구 마포동 324-3
전   화 / 02-718-4831~2
팩   스 / 02-703-9711
이 메 일 / kyunginp@chol.com
홈페이지 / http://www.kyunginp.co.kr
           / 한국학서적.kr
등록번호 / 제10-18호(1973. 11. 8)

값 7,000원
ISBN 89-499-0394-6 04150
ⓒ 2006, Kyung-in Publishing Co, Printed in Korea

*잘못된 책은 교환해 드립니다.